Landhaus Stil

Landhaus Stil

Stewart und Sally Walton

EDITION XXL

Landhaus

Stil

Genehmigte Lizenzausgabe
EDITION XXL GMBH
Reichelsheim, 1999

Übersetzung Katrin Story Jurgenson,
Lauffen und Lindale, Texas
Bearbeitung: Werner Marquardt, Lauffen

ISBN 3 89736 301 1

Inhalt

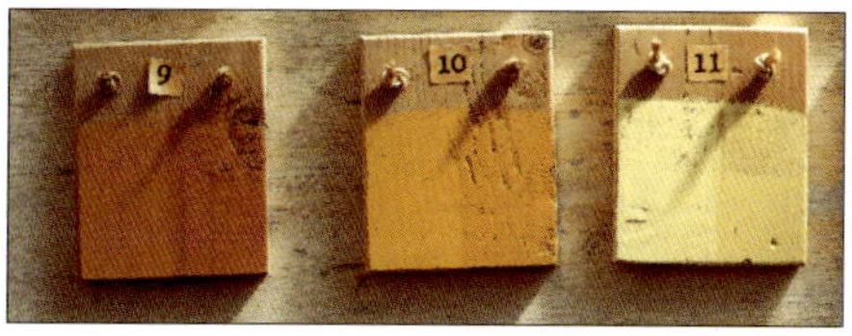

Einleitung

Ein im Landhaus-Stil dekoriertes Haus hat eine so gastfreundliche Atmosphäre, dass sich jeder sofort willkommen fühlt. Wer das Haus betritt, fühlt sich wohl und will es sich am liebsten gleich gemütlich machen! Dasselbe erhoffen wir uns von diesem Buch. Nehmen Sie sich die Zeit, das Buch zu lesen und eine gute Grundlage zu schaffen – bevor sie loslegen und die verschiedenen Ideen in die Tat umsetzen. Die eigentliche Arbeit macht wahrscheinlich am meisten Spaß; also gönnen Sie es sich und genießen Sie es, Ihr Haus neu zu dekorieren.

Rechts: *Eine bunte Mischung schöner Landhaus-Accessoires; alle in traditionellem Stil selbst gemacht.*

Kreationen im Landhaus-Stil

Sie müssen nicht auf dem Land leben, um ihr Haus im Landhaus-Stil zu dekorieren. Man fühlt sich als Stadtmensch häufig von der romantischen Idylle des Landlebens angezogen. Oftmals sind die Menschen auf dem Land sogar weniger dazu geneigt, in diesem Stil zu dekorieren. In unserem Traum vom Landleben hören wir den Wind durchs Kornfeld rauschen, Bauern fahren noch mit Pferdegespannen und aus der Küche unserer Träume steigt ein ständiger Duft frischer Backwaren. Landhaus-Stil bedeutet eine Mischung angesammelter und verfeinerter Gegenstände, für die wir nicht mehr die Zeit haben, sie selbst zu machen. Flickenteppiche, fein gearbeitete Quilts, gestrickte, gestickte und genähte Stücke lassen Holzstühle und Bänke weicher wirken. Auch die rustikalen Möbelstücke des Landhaus-Stils lassen sich gut mit Ihren geliebten und polierten Antiquitäten kombinieren.

Die Kombinationen machen das Wesen einer Einrichtung aus, die über Jahre Stück für Stück gewachsen ist. Diesen Lebensstil trifft man noch immer in sehr engen Dorfgemeinschaften an, wie bei den „Amish-People“ in Amerika. Als wäre die Zeit stehen geblieben, arbeiten die Menschen dort noch immer in einer Seelenruhe an ihren berühmten Quilts. Im Einklang mit ihrem Glauben sind diese Quilts schlicht; mit atemberaubenden Farben schaffen sie es jedoch, Meisterwerke zu erstellen, die auf der ganzen Welt gefragt sind. Auch die „Shaker“ sind nun, 200 Jahre später, für viele ihrer Werke bekannt und werden

Oben: *Die bemalten Füllungen sind hier mit Antikwachs eingerieben.*

Links: *Dieses einfache Regal passt dank der Nut-und-Feder-Rückwand und dem cremefarbenen Anstrich gut zur Anrichte.*

Oben: *Die Kombination rustikaler Möbelstücke mit den gestempelten Streifen auf den Wänden geben diesem Flur ein mexikanisches Flair.*

gerne kopiert. Der Landhaus-Stil zeigt in seiner Dekoration keine scharfen Kanten; die Farben sind sanft und es werden nur natürliche Materialien verwendet. Behaglichkeit ist das A und O des Landhaus-Stils. Neue Möbelstücke passen gut zu den alten, solange Farbe und Stil miteinander harmonieren. Vor allem Möbelstücke aus Abfallholz sind in den letzten Jahren sehr gefragt. Sie sehen zwar verwittert und abgetragen aus, haben aber die Stabilität eines neuen Möbels. Auch für die Modelle in diesem Buch empfehlen wir Abfallholz. Sie können das Holz rau und ungeschliffen verarbeiten oder es je nach Belieben glatt schleifen. Bei glattem Holz empfehlen wir, es mit Antikwachs zu polieren. Dabei handelt es sich um gefärbtes Bienenwachs; es tönt das Holz und verleiht ihm einen schönen Glanz. Bei der Auswahl von Textilien holen Sie sich Ideen bei Quilts, Teppichen, Wandteppichen oder Webarbeiten. Quadrate, Ginghams, Karos und kleine Blumenmuster zeichnen den Landhaus-Stil aus, aber auch Streifen und unifarbene Textilien in Erd- oder Pflanzenfarben gehören dazu. Schauen Sie in die Natur – Farben wie Rost, Stroh, Erde und Kiesel heben sich gegen einen strahlend blauen Himmel ab. Versuchen Sie, Dinge, die Sie eigentlich kennen, in einem neuen Licht zu sehen: das Muster auf einem alten Porzellanteller oder die Farben auf einem Lieblingsbild. Wenn Sie Ihre Ideen von Gegenständen holen, die Ihnen viel bedeuten, vertiefen Sie dadurch Ihren eigenen Stil. Wir hoffen, dass Sie einige Anregungen finden und die Entwürfe genauso genießen wie wir. Es ist eine bereichernde Erfahrung, etwas selbst zu machen und wenn Sie mit ruhiger Konzentration ans Werk gehen, werden Sie feststellen, dass dies noch dazu entspannend sein kann.

Die Farbauswahl

Die Farbauswahl für den Landhaus-Stil ist sehr vielfältig. Sie bedient sich aller Farben die wir über das Jahr in der Natur finden. Da gibt es kalte Grün-, Blau- oder Grautöne im Winter, schillernde Grüns im Frühling, eine Vielzahl von Sommerfarben und die satten und sanften Farben im Herbst. Natürlich ist es nicht empfehlenswert alle Farben zusammenzuwürfeln – der Schlüssel zum Erfolg liegt in wenigen, gezielt ausgewählten Farben. Bei der Farbauswahl wäre es günstig, sich an einem Bild, einem Quilt oder einem Stück Porzellan zu orientieren, das Ihnen besonders gut gefällt. Getünchte Wände sehen beim Landhaus-Stil besonders schön aus. Die Wand erhält dadurch einen gesprenkelten Effekt, als würde die Sonne darauf scheinen und sie wirkt dadurch heller. Getünchte Wände sind außerdem ein idealer Untergrund für Schablonen- oder gestempelte Muster und gleichen etwaige Unebenheiten in den Wänden aus. Weil sich auch einfach verschiedene Farben übereinander auftragen lassen, können Sie damit noch flexibler und kreativer sein. Die Farbenskala ist so gestaltet, dass sie zu Antiquitäten, natürlichen Baumaterialien und alten Textilien passt. Indem Sie die Anweisungen zum Mischen der Farben (siehe unten) beachten, können Sie leicht Ihre eigenen Schattierungen wählen.

Farbbestimmung

***1** gleiche Teile helles Kadmiumrot und Ockergelb*

***2** helles Kadmiumrot*

***3** gleiche Teile dunkles Kadmiumrot und Englischrot*

***4** gleiche Teile gebrannte Siena und Englischrot*

***5** stumpfes Chromoxidgrün und Siena 4 zu 1*

***6** Tannengrün und Ockergelb 2 zu 1*

***7** 3 Teile Kobaltblau, 1 Teil gebrannte Umbra, 1 Teil Weiß*

***8** 2 Teile Ultramarinblau, 2 Teile Weiß, 1 Teil Umbra*

***9** Siena*

***10** gleiche Teile Ockergelb und Goldocker*

***11** gleiche Teile Ockergelb und Weiß*

***12** 6 Teile Weiß und 1 Teil Umbra*

Oben: Bei dem Schachbrettmuster werden die gegensätzlichen Farben Terrakotta und Grün verwendet – sie sind besonders dafür geeignet, an ländliche Gegenden zu erinnern. Durch die Kammtechnik wird die Intensität der Farben variiert und die Maserung sichtbar.

2
3
4
6
7
8
10
11
12

Die Texturen

Die Struktur von Textilien, wie zum Beispiel rauer, handgewebter Tuchstoff, Säcke, gewebte Teppiche und weiche, gestrickte Schals tragen mit zur besonderen Behaglichkeit eines Landhauses bei. Glattes, geschliffenes oder abgetragenes Holz findet man im Haus, sonnengebleichtes Holz oder alte, gestrichene Balken außen. Selbst gemachte Gefäße in erdigen Farben stehen neben teurem Porzellan auf einem Holzregal. Schmiedeeiserne Scharniere und Griffe an gestrichenen Holztüren schaffen einen interessanten Gegensatz; besonders wenn das Eisen vom Alter vernarbt ist. Abgetragene Fliesen oder Bodendielen zeigen Spuren von jahrzehntelanger Nutzung. Wer darauf nicht warten will, kann mit ein bisschen Antik-Lack und vorgefertigten Fliesen das gleiche Ziel erreichen. Beim Landhaus-Stil liegt die Betonung auf Nützlichkeit, ohne viel Wert auf Rüschen und Verzierungen zu legen. Im Schlafzimmer werden mit Baumwollquilts, bestickten Kissen und gestärkten Bettlaken Kontraste geschaffen.

Oben: *Gestanzte Blechformen machen sich gut in einer Landküche; diese schöne alte Herzform sieht zusammen mit ein paar Tontassen und einem Strauß Ähren besonders schön aus.*

Links: *Eine alte Holztüre wird von einem schmiedeeisernen Scharnier gehalten. Das vernarbte Eisen schafft einen interessanten Kontrast zur gestrichenen Tür.*

Oben links: *Eine raffinierte Idee: Bei dem kleinen Regal wurde Sechseckdraht an einem Drahtrahmen befestigt.*

Unten links: *Eine etwas modernere Version des Landhaus-Stils ist dieser Vogel mit Knopfauge.*

Rechts: *Ton in Ton steht die getöpferte Vase vor dieser getünchten Wand.*

Die Materialien

Im 19. Jahrhundert, vor der Erfindung der Eisenbahn, wurden nur heimische Baumaterialien verwendet. Wenn es in der Gegend, wo man lebte, Backsteine, Natursteine, Holz oder Kiesel gab, wurden die Häuser eben damit gebaut. Ländliche Materialien kommen von natürlichen Ressourcen – von Bäumen, Pflanzen, Tieren und aus der Erde. Heutzutage werden allerdings viele Dinge, die wir kaufen, in Fabriken hergestellt und haben wenig Verbindung zur Natur. Glücklicherweise wollen viele Menschen auf dem Land „zurück zur Natur", was Materialien angeht und so kann man doch hier und da Korbflechter, Holzschnitzer und Töpfer antreffen, die ihre Waren auf dem Markt verkaufen. Wählen Sie Textilien aus Wolle, Flachs, oder Baumwolle; am besten raue statt glatte Stoffe. Locker gewebte oder gestrickte Decken lassen Holzstühle einladend wirken. Aus alten Stoffresten lassen sich einfach Flickenteppiche

Rechts: *Natürlich gefärbte und grob gesponnene Baumwolle gibt diesen Shaker-Stil-Stoffen eine warme Qualität.*

Unten links: *Beleben Sie Sommererinnerungen, mit einem Korb voll getrockneter Gartenblumen.*

Unten rechts: *Bunte Papierschnur eignet sich hervorragend zum Zusammenbinden von Kräutern oder Blumen.*

Oben links: *Altes Küchenzubehör, zum Beispiel Holzlöffel und Nudelhölzer, sollten bei einer echten Landküche nicht fehlen.*

Oben rechts: *Ein einfacher Blechstern wird zu etwas Besonderem, wenn man von hinten ein Muster hineinhämmert.*

Unten: *Selbst gemachtes und natürlich gefärbtes Papier wird von einer groben Schnur zusammengehalten.*

herstellen; sie sehen schön aus und halten die Füße warm. Öl und Bienenwachs eignen sich am besten für Holzböden. Dies bringt die Maserung zur Geltung und einen guten Duft ins Haus. Steingut-Keramikkacheln sind schön und praktisch für die Küche; die warme Farbe passt sehr gut zum Landhaus-Stil. Bevorzugen Sie im Zweifel immer natürliche Stoffe gegenüber synthetischen, heimische Produkten gegenüber importierten; so können Sie nicht allzu falsch liegen.

Muster und Motive

Manche Muster, die im Landhaus-Stil verwendet werden, wurden aus der Natur und dem Landleben aufgegriffen: es finden sich die Sonne, Blumen, Bäume, Hoftiere und Vögel. Andere sind von traditioneller Herkunft wie das Herz, das für Liebe steht und der Stern, der allerdings mehr in der amerikanischen als in der europäischen Folklore zu finden ist. Trotzdem ist der Stern ein universales Motiv, denn wir alle leben unter den Sternen. Karierte und eckige Muster sind ein Resultat aus dem Webprozess. Beim Weben von Hand wurden Garne mit Beeren oder Wurzeln gefärbt und mit ungefärbten Garnen verwoben. Mit diesem Stil verbinden wir klassisches Naturweiß mit Rot, blaue, grüne und gelbe Streifen sowie Quadrate. Bei dem heutigen Angebot an Motiven geben diese einfachen Farben und Formen Ihrem Haus eine gemütliche Atmosphäre. Die meisten ländlichen Motive sind aufgrund ihrer Herstellungsmethode einfach gehalten, was bei gewebten Motiven besonders deutlich auffällt. Mit Schablonen werden Motive vereinfacht, weil sie nur die Umrisse einer Figur zeigen. So können sie einfach ausgeschnitten und ausgemalt werden.

Links: *Der klassische, achteckige Stern wurde hier als Schablone bei einer Bordüre verwendet. Häufiger sieht man ihn jedoch auf Quilts.*

Oben: *Die Ananas wurde verwendet, um Gastfreundschaft auszudrücken. Der Ananasstempel ist ein passendes Motiv für ein Platzgedeck.*

Rechts: *Die Bordüre wurde von Hand gemalt. Für das Grundmuster wurde eine Schablone verwendet, der Rest wurde frei dazugemalt.*

Oben: *Dieses Tischtuch ist mit einem sehr traditionellen, ländlichen Hahnenmotiv bestickt.*

Oben: *Das Herz gehört zu den beliebtesten Motiven der Folklore und gilt als internationales Zeichen der Liebe.*

Unten: *Diese besonderen, handgearbeiteten Decken wurden mit traditionellen Motiven versehen. Der Korb gilt als Motiv für Großzügigkeit, die Ananas ist ein Bild der Gastfreundschaft.*

Die unterschiedlichen Teile brauchen eine „Verbindungsbrücke", um dem Bild eine runde Form zu geben und dadurch zeichnen sich Schablonenbilder besonders aus. Gestempelte Muster haben eine ähnliche Eigenschaft, allerdings brauchen sie keine Verbindung, um das Bild zu vervollständigen. Folklore muss jedoch nicht unbedingt konventionell sein. Man kann eine Vielfalt an Techniken an einer Wand oder einem Möbelstück finden. Ein Schablonenbild zum Beispiel, das mit einem Pinselstrich verfeinert wurde. Dasselbe gilt auch für Patchworkdecken (Quilts), wo Motive aufgenäht werden oder bei Wandteppichen oder Kreuzstickerei, wo die Garne auf grobes Gewebe gearbeitet werden und die Motive dadurch eckig erscheinen. Bei der Auswahl ländlicher Motive gilt alles, was den Überfluss der Natur zur Geltung bringt: Getreide, Früchte, Bauernhöfe und Scheunen, Kühe, Schafe, Pferde, Hunde und Katzen, ein Hahn, Gänse und Wildvögel, sowie traditionelle Motive, wie Sterne, Herzen, Körbe, Quadrate, Streifen und Schleifen. Die verschiedenen Motive können mit unterschiedlichen Techniken verwendet werden und verleihen Ihrem Zuhause eine besondere Atmosphäre.

Oberflächen

Etwas, das bei einem Landhaus sofort ins Auge springt ist, dass bei der Einrichtung genauso viel Wert auf Nützlichkeit wie auf Behaglichkeit gelegt wird. Bei einem ständigen Ein und Aus von Kindern und Tieren zum Beispiel lohnt es sich nicht, einen hellen Teppich oder teure Tapeten im Flur zu verwenden. Besser eignen sich Dielen oder Fliesen für den Boden und gestrichene oder getäfelte Wände. Sanfte, verwaschene oder gebleichte Farben passen besonders gut zu schon vorhandenen Möbelstücken; außerdem sind sie sehr pflegeleicht. In diesem Kapitel wollen wir uns mit verschiedenen interessanten Ideen beschäftigen, wie Sie Oberflächen im Landhaus-Stil dekorieren können.

Rechts: *Um Ihre eigene Farbenskala herzustellen, können Sie Pigmentfarbe oder Holzbeize einfach mit Wasser anrühren.*

Oberflächen im Landhaus-Stil

Etwaige Veränderungen in Ihrer Einrichtung sollten locker und ungezwungen wirken, als hätten sie schon immer dazugehört. Das ist gar nicht so schwer wie es sich anhört; mit ein paar grundlegenden Techniken und guten Ideen werden Sie bald Spaß daran haben, Ihr Haus umzudekorieren. Am häufigsten findet man im Landhaus-Stil farbig getünchte oder gekalkte Wände mit Schablonenbildern oder strukturiertem Anstrich. Farbig getünchte Wände sieht man zum Beispiel als Untergrund für andere Dekorationen wie zum Beispiel Schablonen. Beim Wischen trägt man Farbe mit einem Schwamm auf, der Anstrich bekommt einen Licht- und Schatteneffekt der selbst den glattesten Flächen eine interressante Struktur verleiht. Holzflächen lässt man am besten natürlich oder streicht sie mit Lasur oder matter Farbe. Auf unbearbeitetem Holz verwenden wir Dispersionsfarbe. Schleift man die Farbe ab, kommt die Maserung des Holzes schön zur Geltung. Feine Stahlwolle ist dafür besser geeignet als Sandpapier, denn sie ist nicht so rau und das Holz wird glatter. Einen anderen antiken Effekt erzielt man, indem man Kerzenwachs auf das Holz gießt und es mit einer wasserlöslichen Farbe anstreicht. Das Holz nimmt die Farbe nur teilweise an und sieht somit natürlich gealtert aus. Schablonen gibt es zu kaufen; einige Versandhäuser bieten Kataloge mit verschiedenen Mustern an. Natürlich können Sie auch Ihre eigenen Muster entwerfen. Auf diese Weise können Sie die Muster in Größe und Design Ihrem Raum anpassen. Dies ist zwar etwas zeitaufwendig, dafür haben Sie aber Muster, die es nicht zu kaufen gibt. Für einen besonderen Effekt können Sie die Wand nach dem Anstrich mit Holzlasur einlassen. Das ist uns aus Versehen bei dem Sternenmuster passiert, aber wir finden, das Ergebnis kann sich wirklich sehen lassen. (Bild auf der Seite 24.)

Oben: *Die Schablonenmotive sind hier nur ganz zart aufgetragen und verschwimmen mit der gefleckten Wand. Kontraste werden durch die strahlend weißen Bettlaken geschaffen.*

Links: *Diese moderne Küche wirkt nicht ganz so kühl, wenn Sie den Wänden durch Wischen mit verdünnter Farbe einen leicht gefleckten Anstrich geben.*

Oben: *Hier sieht man eleganten Landhaus-Stil nach skandinavischer Art. Das Muster an der blauen Wand wurde mit zwei ähnlichen Stempeln gemacht, um einen interessanten Hintergrund für die eleganten Spiegel zu schaffen.*

Mit Stempeln erhält man ein ähnliches Ergebnis, allerdings auf entgegengesetzte Weise. Anstatt die ausgeschnittenen Flächen der Schablone auszumalen, wird die Farbe auf den Stempel aufgetragen und auf die Fläche gedrückt. Stempel kann man aus verschiedenen Materialien wie Schaumgummi, Radiergummi, Küchenschwämmen oder Styropor herstellen. Die Bordüre mit den Pferden wurde mit einem Stempel gemacht. Auch die Stempel kann man in einigen Bastelgeschäften finden oder bei bestimmten Versandhäusern bestellen. Die unterschiedlichen Techniken in diesem Kapitel sind einfach nachzumachen und schaffen den richtigen Hintergrund für Ihre Landhaus-Möbel.

Wand im Gingham-Muster

Gingham ist bei uns als klassisches Karomuster bekannt, hier jedoch erhält der zeitlose Favorit als Wandanstrich eine ganz neue Dimension. Diesen einfachen aber wirkungsvollen Effekt erhalten Sie, indem Sie die Walze in der Mitte durchschneiden und so zwei Streifen gleichzeitig malen. Originell sind die traditionellen Farben Backsteinrot und Naturweiß.

MATERIAL:
- weiße Dispersionsfarbe
- großer Malerpinsel
- kleine Schaumgummiwalze
- Abklebeband
- Bastelmesser
- gelbe Dispersionsfarbe
- kleiner Schwamm
- Wasserwaage

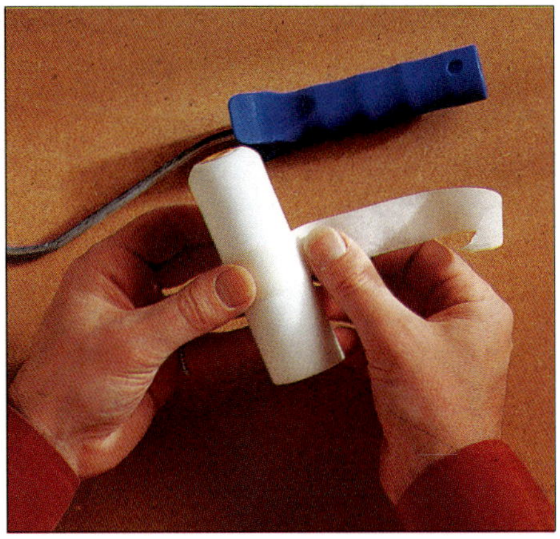

1 *Als Grundfarbe wird für die Wände die weiße Dispersionsfarbe verwendet. Mit einem Stück Klebeband die Mitte der Walze abkleben.*

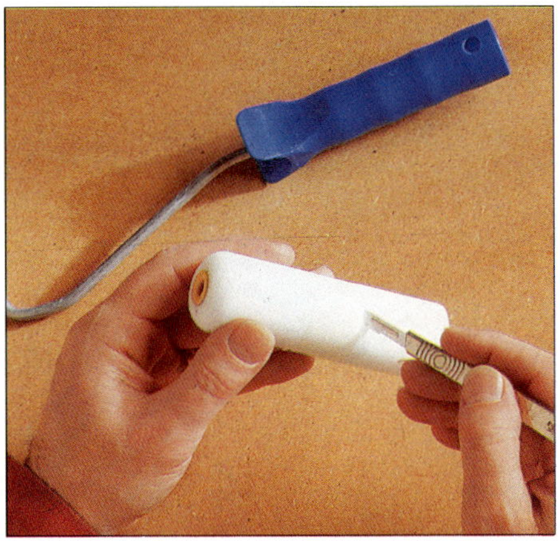

2 *Mit dem Messer auf beiden Seiten des Klebebandes den Schaumgummi durchschneiden.*

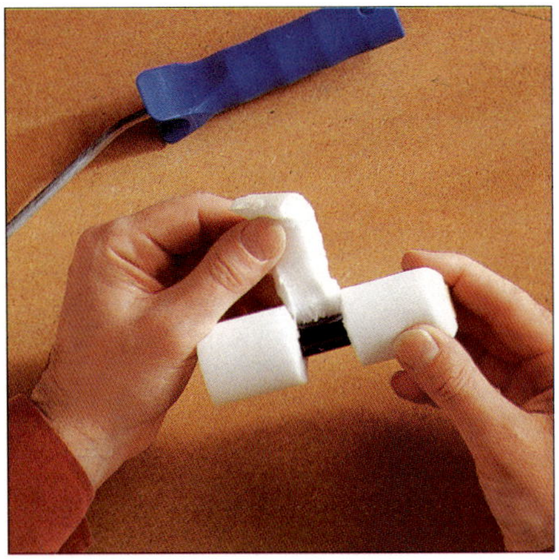

3 *Nun das Klebeband zusammen mit dem abgeschnittenen Schaumgummi abziehen und die Walze wieder zusammenbauen.*

4 *Mit der gelben Dispersionsfarbe gleichmäßige vertikale Streifen malen. Mit dem Schwamm eventuelle Lücken ausmalen. Trocknen lassen.*

5 *Nun die horizontalen Streifen malen. Wenn Sie sich auf einen Punkt konzentrieren wird es Ihnen leichter fallen, gerade Streifen zu malen; Sie können auch die Wasserwaage zu Hilfe nehmen.*

Sternen Wand

Diese sanfte, blaue Farbzusammenstellung eignet sich besonders gut für Badezimmer und Flur, denn der untere Teil wurde mit Lasur bestrichen und ist somit extra pflegeleicht und abwaschbar. Die getönte Lasur vertieft die Farbe der Wand und der Glanz hebt sich von dem eher milchigen Rest der Wand ab. Die verwendete Schablone stellt ein altbekanntes Motiv für Quilt-Arbeiten dar.

MATERIAL:
- Stern-Vorlage (siehe Seite 150)
- Durchpauspapier und Bleistift
- Schere
- Stück Pappe
- Bastelmesser und Schneidunterlage
- hellblaue Kreidefarbe
- große Malerpinsel
- Richtscheit und Wasserwaage
- Klarlack auf Wasserbasis
- Künstler-Acrylfarbe: Preußischblau

1 Die Umrisse des Sterns kopieren und ausschneiden. Auf das Stück Pappe kleben.

2 Mit dem Bastelmesser den Stern ausschneiden. Achten Sie darauf dass die Ränder dabei nicht geknickt werden.

3 Nun die Papiervorlage vom Stempel abziehen.

4 ▷ Die Farbe je nach Gebrauchsanweisung verdünnen. Die Wand mit wischenden, unregelmäßigen Bewegungen anstreichen um einen gekalkten Effekt zu erzielen.

5 ◁ Bestimmen Sie, wo die lackierte Fläche enden soll und ziehen Sie mit Holzlineal und Wasserwaage eine waagerechte Linie.

6 ▷ Die Lasur mit etwas Preußischblau färben und die Wand unterhalb der gezogenen Linie damit streichen.

7 ◁ Die Schablone mit etwas Sprühkleber an einem Ende der Wand 5 cm oberhalb der gezogenen Linie anbringen. Mit einem breiten Pinsel und mit Hilfe der Schablone die Sterne in regelmäßigen Abständen mit der gefärbten Lasur aufmalen.

Getäfelte Holzwand

Nut- und Feder-Vertäfelungen findet man häufig in Landhäusern, Hütten und Kammern. Dabei kann ein Ablagebord für Lebensmittel oder schönes Porzellan einen sauberen Abschluss bilden. Vertäfelungen sind sowohl praktisch als auch schön, sie dienen als Isolierung und verdecken etwaige Unebenheiten. Vertäfelungen kann man bei einem Heimwerker-Baumarkt kaufen; dort gibt es manchmal auch zugesägte Bausätze.

MATERIAL:

- Meterstab oder ausziehbares Maßband
- Richtscheit und Wasserwaage
- 3 Leisten; Länge entsprechend der Wandbreite
- Bohrmaschine
- Dübel
- Schraubenzieher und Schrauben
- dünne, versenkbare Nägel, ca. 1,8 x 22 mm
- Hammer
- Nut-und-Feder-Bretter entsprechend Ihrer Wand-Höhe, gemessen vom Sockel bis zur Höhe des Abschlussbords.
- Dorn
- Regalstützen; sie werden im Abstand von 60 cm angebracht
- Ablagebord 15 cm breit; Länge entsprechend der Wandbreite
- flache Zierleiste; Länge entsprechend der Wandbreite
- Säge
- weiße Dispersionsfarbe
- mittelgroßer Malerpinsel

1 *Eine eventuell schon vorhandene Sockelleiste vborsichtig entfernen – sie wird später wieder angebracht. Markieren Sie mit Lineal und Wasserwaage die Position der drei Leisten an der Wand: oben, in der Mitte und unten.*
Löcher bohren, Dübel einsetzen und die Leisten festschrauben.

2 *Nageln Sie nun das erste Brett an den drei Leisten fest. Achten Sie darauf, dass es genau senkrecht ist. Wenn Sie die Nägel durch die Feder schlagen, sind sie von außen nicht sichtbar. Jedes Brett wird nun an das andere angeschlossen.*

3 ▷ *Mit einem Dorn können Sie die Nägel versenken.*

➤

4 *Für die Regalstützen in einem Abstand von 60 cm Löcher bohren, so dass das Regal oben direkt an die Holzwand anschließt.*

5 *Nun das Regalbrett von oben auf die Stützen setzen, Löcher bohren und anschrauben.*

6 *Die Zierleiste so zuschneiden dass sie zwischen die Regalstützen passt. Mit dem Hammer festnageln. Nun die Sockelleiste wieder anbringen. Die weiße Dispersionsfarbe 50/50 mit Wasser verdünnen und Wand und Regal damit anstreichen.*

Buntes Treppenhaus

Mit diesen starken Farben wird jedes Treppenhaus zum Blickfang. Die Farben der Wände sollten auf die Treppe abgestimmt sein, damit es ein harmonisches Bild gibt. Normalerweise wird für Treppen Glanzlack verwendet weil er besonders dick ist; allerdings sieht es nicht sehr schön aus, wenn er abblättert. Hier wurde Dispersionsfarbe über einer weißen Grundierung verwendet. Sie können auch direkt auf das Holz streichen – wenn sich die Farbe abträgt, sieht man dann die Maserung des Holzes.

MATERIAL:

- weiße Acrylgrundierung
- Dispersionsfarbe: Hellblau, Senfgelb und Backsteinrot
- mittelgroße und kleine Malerpinsel
- Abdecktuch
- Abklebeband

1 *Die Treppenstufen und das Geländer mit der weißen Acrylgrundierung streichen. Die Wand neben der Treppe, die Stufen und Stellbretter bis zu einem Viertel von außen mit blauer Dispersionsfarbe streichen. Der Rand auf den Stufen wird später übermalt.*

2 *Die Geländerstreben und die Wand unterhalb der Treppe mit senfgelber Dispersionsfarbe streichen.*

3 *Die äußere Wange und die Treppenstufen und Stellbretter wie bei Nr. 1 bis zu einem Viertel von außen mit der blauen Dispersionsfarbe streichen.*

4 *Mit Abklebeband die blauen Ränder auf den Treppenstufen so abkleben, dass man die fransigen Ränder noch sehen kann. Die Treppenstufen, die Stellbretter und das Geländer in Backsteinrot streichen und trocknen lassen.*

Pferde Bordüre

Mit dieser Bordüre lassen sich Holzböden oder gestrichene Wände interessant dekorieren. Den Stempel herzustellen, ist nicht sehr schwer; am besten basteln Sie ihn aus festem Schaumgummi; auch Campingmatten sind aus solchem Material. Die Farbe mit einer kleinen Walze auf den Stempel auftragen – wenn man den Stempel in die Farbe taucht, saugt er sich zu sehr voll. Machen Sie einen Probelauf auf einem Stück Papier. Viel Spaß!

MATERIAL:

- gemietete Parkettschleifmaschine und Handschleifgerät (bei rohem Holz)
- Pferdevorlage (siehe Seite 150)
- Durchpauspapier und Bleistift
- Sprühkleber
- fester Schaumgummi, 1 cm dick
- Bastelmesser
- Lineal
- hellblaue und weiße Holzbeize
- mittelgroßer Malerpinsel
- Dunkelblaue Dispersionsfarbe
- kleine Farbwalze mit Tablett
- matter PU-Siegellack

1 *Bei rohem Holzboden zunächst mit einer gemieteten Schleifmaschine abschleifen; Feinarbeit mit einem Handschleifgerät.*

2 *Das Pferd von der Vorlage abpausen. Pauspapier mit dem Sprühkleber auf den Schaumgummi kleben.*

3 ▷ *Mit dem Bastelmesser die Umrisse des Pferdes einschneiden. Scharfe Kanten dabei korrigieren.*

➤

4 *Einmal schräg zum ersten Schnitt schneiden und einen dünnen Streifen Schaumgummi abziehen. Jetzt haben Sie einen Umriss und können das Pferd ausschneiden. Papier abziehen.*

5 ▷ *Um die Breite der Bordüre festzulegen, den Stempel auf den Boden legen.*

6 ◁ *Den Streifen zwischen der Wand und der Bordüre mit blauer Holzbeize streichen.*

7 ▷ *Mit der Walze die dunkelblaue Dispersionsfarbe gleichmäßig auf den Stempel auftragen.*

8 *Beginnen Sie mit dem Stempeln in einer Ecke. Den Stempel gleichmäßig aufdrücken und abheben, damit es nicht verschmiert. Wenn Sie den Stempel jedes Mal etwas drehen, sieht es etwas interessanter aus. Den Boden mit zwei Schichten mattem PU-Siegellack versiegeln.*

Fußboden mit Schachbrettmuster

Zugegeben, einen ganzen Fußboden zu bemalen ist eine ziemlich beängstigende Aufgabe, aber mit diesen Karos werden Sie von allen Seiten Komplimente einheimsen. Dazu sind die Materialkosten im Vergleich zu einem Teppich sehr gering. Mit einem Lineal und einem quadratischen Stück Pappe die Karos auf dem Fußboden vorzeichnen. Beginnen Sie mit dem Malen in der hintersten Ecke des Raumes und arbeiten Sie zum Ausgang hin.

MATERIAL:
- einige Stücke dicker Passepartout-Karton
- Bastelmesser
- weiße Dispersionsfarbe
- großer Malerpinsel
- Meterstab
- Abklebeband, 2,5 cm breit
- langer Richtscheit
- quadratisches Stück Pappe, 38 cm groß
- Künstler-Acrylfarbe in Terracotta und Grün
- mittelgroßer Malerpinsel
- matter PU-Siegellack

1 *Aus den Passepartout-Stücken jeweils auf einer Seite Zähne auschneiden. Mit diesen Kämmen werden die Streifen gemacht. Sie werden mit zunehmendem Gebrauch weicher.*

2 *Den ganzen Fußboden mit der weißen Dipersionsfarbe streichen. Nach dem Trocknen Abklebeband entlang den Wänden auf den Fußboden kleben.*

3 *Mit dem Meterstab 40 cm große Abstände auf dem Kebeband markieren. Beginnen Sie in einer Ecke und messen Sie 20 cm in beide Richtungen.*

➤

4 ◁ *Das Abklebeband gitterförmig auf den Fußboden kleben. Mit Lineal oder Pappquadrat darauf achten, dass die Linien gerade sind. Die Karos sollen jeweils 38 cm Seitenlänge haben.*

5 *Testen Sie auf einem Stück Pappe, wieviel Farbe Sie für die Kammtechnik benötigen. Die Karos abwechselnd in Grün und Terrakotta ausmalen.*

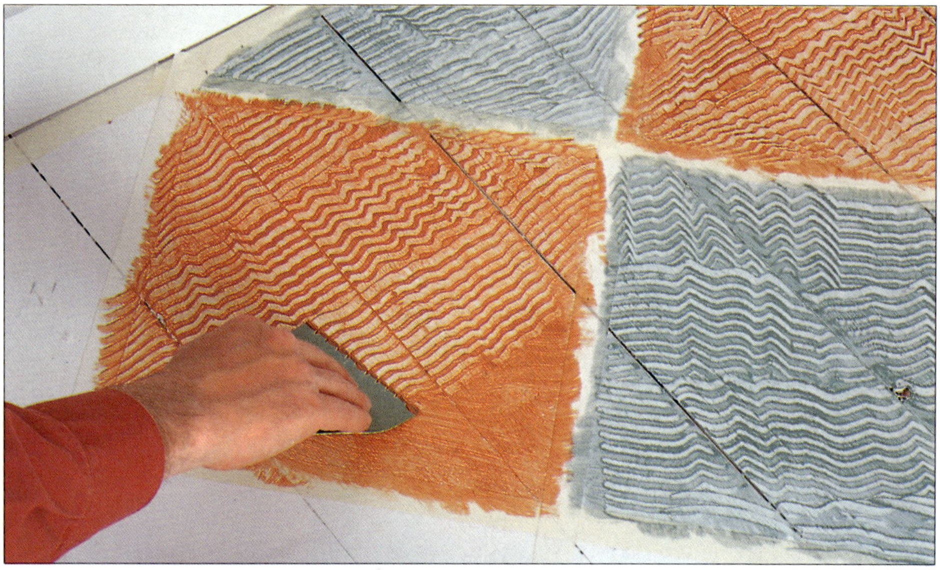

6 *Mit dem Kamm über die Farbe streichen und ihn dabei leicht hin und her bewegen. Nach jedem Gebrauch die Farbe abreiben, gegebenenfalls einen neuen Kamm benutzen. Über Nacht trocknen lassen. Klebeband entfernen und zweimal mit PU-Siegellack versiegeln.*

Verzierte Holztüre

Diese Motive erinnern an die „Hexenzeichen", die die ersten Siedler in Pennsylvania auf ihre Scheunen malten, um Geister abzuwehren und so ihre Ernte zu beschützen. Die Motive wurden mit einem Zirkel vorgezeichnet. Um beim Ausmalen eine ruhige Hand zu haben, hilft es, sich mit der anderen Hand abzustützen.

MATERIAL:

- goldgrüne Dispersionsfarbe
- mittelgroße Malerpinsel
- Zirkel
- Bleistift
- Künstler-Acrylfarbe: gebrannte Umbra, Weiß, Kadmiumgelb und Indischrot
- flacher Pinsel, 1 cm breit
- Abklebeband
- feiner Pinsel, Nr. 2
- matter Acryllack

1 *Die Türe mit goldgrüner Dispersionsfarbe streichen. Mit dem Zirkel in den zwei oberen Füllungen zwei große Kreise zeichnen.*

2 *Im gleichen Radius nun sechs Bögen in den Kreis zeichnen, dabei die Nadel wie gezeigt in den Rand einstechen.*

3 *Wie gezeigt mit dem Zirkel kleinere Kreise dazwischen zeichnen.*

4 ▷ *Mischen Sie etwas weiße Dispersionsfarbe mit dem Farbton gebrannte Umbra und streichen Sie die Füllungen; dabei die gezeichneten Kreise aussparen.*

➤

5 *Mit dem flachen Pinsel die Leisten um die Füllungen gelb anmalen. Zur besseren Genauigkeit die Ränder mit Klebeband abkleben.*

6 △ *Die Blätter mit einem feinen Pinsel vorsichtig mit Rot ausmalen und trocknen lassen.*

7 *Die kleinen Kreise mit Rot ausmalen.*

8 △ *Die gelben Zierleisten mit einem feinen roten Pinselstrich umranden und trocknen lassen. Mit einem frischen Pinsel lackieren.*

Gemalte Fenster-Umrahmung

Die gemalte Fenster-Umrahmung wurde traditionellen Stuckverzierungen abgeschaut, bei denen Muster in den nassen Gips gedruckt werden. Diese Ausführung, mit vorgetäuschten Füllungen auf beiden Seiten, verhilft einem unscheinbaren Fenster zu neuem Glanz. Experimentieren Sie mit der Farbe; der Pinsel soll einfach fließen. Anstatt eines Malerstocks können Sie an einem Stock an einem Ende etwas Watte befestigen und mit Stoff oder Leder überziehen.

MATERIAL:
- Weiße Dispersionsfarbe
- Künstler-Acrylfarbe: Ockergelb und gebrannte Umbra
- großer Malerpinsel
- Lineal und Bleistift
- Richtscheit
- Zirkel
- Malerstock
- Wasserfarbenpinsel Nr. 8

1 *Etwas weiße Dispersionsfarbe mit Ocker mischen bis ein strohgelber Ton entsteht. Mit Wasser verdünnen, bis es milchig wird. Die Wand streichen, dabei ungleichmäßig arbeiten damit es verschiedene Schattierungen gibt.*

2 *Einen Abstand von 10 cm um das Fenster abmessen und mit einem Bleistift eine Umrahmung markieren.*

3 *In einem Abstand von 15 cm auf beiden Seiten ein Rechteck zeichnen. Die Füllung ist etwa halb so breit wie das Fenster. In die Füllung einen 10 cm kleineren Rahmen zeichnen.*

4 ▷ *Mit einem Zirkel je zwei Kreise in die Füllungen und in jede Ecke einen Viertelkreis zeichnen. Jeweils über den Kreisen mit einem Lineal eine Raute zeichnen.*

➤

4 *Zu dem gelben Farbmix nun noch gebrannte Umbra dazugeben und die Füllung malen. Der Malerstock dient dabei als Stütze für die Hand.*

5 *Beim Ausmalen der Raute die Streifen erst in eine und dann in die andere Richtung malen.*

6 *Beim Malen der Ecken bestimmt der Pinsel das Motiv indem Sie den Pinsel spitz anlegen und zur Ecke hin in einer leichten Kurve abflachen.*

7 *In die Kreise weiche Kurven malen, damit es wie ein Wagenrad aussieht.*

8 *Die Ränder der Füllungen mit diagonalen Streifen ausmalen.*

Möbelstücke

In Wohnungen im Landhaus-Stil findet man meist eine bunte Mischung alter und neuer Möbelstücke, wobei sehr viel Wert auf Selbstgemachtes und auf Familienstücke gelegt wird. Ein alter Holzstuhl lässt sich im Nu mit einem gestrickten Sitzkissen oder einer bestickten Rückenlehne verschönern.

Keine Sorge, falls Sie keine Erbstücke besitzen: Die bemalten Möbelstücke, die Sie selbst herstellen, werden bald gefragte Erbstücke sein.

Rechts: *Dieser schöne Küchenstuhl wurde mit matter, weißer Farbe gestrichen und im trockenen Zustand mit feiner Stahlwolle abgerieben. Dabei wird etwas vom Holz freigelegt, was dem Stuhl ein gekalktes Aussehen verleiht.*

Möbelstücke im Landhaus-Stil

Die Möbelstücke des Landhaus-Stils wurden ursprünglich immer aus heimischen Hölzern hergestellt. Dabei wurden entweder neue Hölzer verwendet oder Holz, das nach dem Abriss alter Scheunen oder Hütten übrig blieb. Die Wiederverwertung von alten Hölzern wird nun wieder modern, teils aus ökologischen Gründen aber auch weil Antiquitäten im Landhaus-Stil seltener werden und darum teuer. Da geht es schon etwas billiger, wenn Sie Ihre Landhausmöbel selber machen, zum Beispiel aus alten Bodendielen oder anderen alten Brettern. Dabei lässt man die Oberfläche rustikal, mit nur einer Schicht matter Farbe. Damit erreicht man einen warmen Glanz. Halten Sie Ausschau nach alten Küchenschränken und Stühlen, die Sie mit einem neuen Anstrich verschönern können. In diesem Kapitel zeigen wir Ihnen verschiedene Stile und Techniken einschließlich eines feinen skandinavischen Motivs, das in krassem Gegensatz zu den gewöhnlich groben Mustern des Landhaus-Stils steht. Ein einfacher Bezugsstoff und ein bisschen Farbe und der gepolsterte Hocker erstrahlt in neuem Glanz. Bei einem alten Möbelstück ist es empfehlenswert, alte Farben oder Lacke zu entfernen. Dadurch wird das Holz aufgeraut und wirkt somit automatisch älter. Wenn man beim Abschleifen etwas Farbe in der Maserung zurücklässt, wirkt das Möbelstück interessanter. Bei der Garderobe wird weiße Dispersionsfarbe stark verdünnt und auf unbehandeltes Holz aufgetragen, wodurch es dann gekalkt aussieht. Die Stücke werden zu Raritäten, wenn Sie etwas von Ihrem eigenen Stil darin verwirklichen. Das könnte sich zum Beispiel im Pinselstrich, der Farbauswahl oder einer gewissen Unsicherheit bei der Maltechnik zeigen. Ihr eigener Stil macht aus dem Möbelstück etwas Einzigartiges und darum geht es auch beim Landhaus-Stil.

Oben: *Die blau-weißen Teller auf dem Küchenregal fallen so richtig auf. Die Arbeitsfläche aus Naturholz sieht neben den dunkelblauen Türen besonders schön aus.*

Links: *Die Zierleisten umrahmen hier schön die bemalten Füllungen.*

Oben: *Die eigenartige Individualität des Landhaus-Stils sieht man besonders gut an diesem Stuhl.*

Links: *Diese ungewöhnliche Standuhr wurde aus einer bunten Mischung neuer und alter Holzteile gemacht und mit einem antiken Ziffernblatt versehen. Die Bank daneben hat über die Jahre einen schönen Glanz bekommen.*

Unten: *Eine alte Kirchenbank; nicht sehr bequem, aber sie macht sich gut in Küche oder Flur.*

Bronze Stuhl

Zu diesem schönen Motiv haben uns besonders edle Stühle inspiriert, die im 19. Jahrhundert in Amerika hergestellt wurden. Diese Stühle waren nicht für den allgemeinen Gebrauch bestimmt, sondern wurden als Zierstücke in Schlafzimmern verwendet. Der Stil wurde nach dessen Hersteller „Hitchcock" benannt. Das Schillern wird mit echtem Goldpuder erreicht (oder mit Bronzepuder, der billiger ist); der Effekt ist schöner als mit Goldfarbe oder Blattgold. Die ursprünglichen Hersteller benutzten feine Samttücher zum Auftragen des Puders.

MATERIAL:

- Holzstuhl mit breiter Rückenlehne und gedrechselten Beinen (oder Schaukelstuhl)
- feines Sandpapier
- weiches Tuch
- schwarze Dispersionsfarbe
- kleiner Malerpinsel
- Schablone (siehe Seite 150)
- Sprühkleber
- Stück Pappe
- Bastelmesser und Schneidunterlage
- Goldleim
- alter Teller
- Schablonierpinsel
- Bronze- oder Goldpuder
- Stück Stoff oder Samt
- Künstlerpinsel Nr. 3
- klarer Antiklack

1 *Alte Farbreste mit einem Schleifpapier abreiben.*

2 *Mit einem Tuch abstauben.*

3 *Den Stuhl mit der schwarzen Dispersionsfarbe streichen.*

4 ▷ *Kopieren Sie die Schablone und passen Sie sie Ihrem Stuhl an. Die Schablone auf ein Stück Pappe kleben und mit dem Bastelmesser vorsichtig die Formen ausschneiden.*

➤

5 ◁ *Schneiden Sie das Muster aus und passen Sie die Pappe dann der Form Ihrer Stuhllehne an. Die Schablone genau auf der Rückenlehne ausrichten.*

6 ▽ *Etwas Grundierkleister auf einen Teller geben und mit dem Schablonierpinsel auftragen. Kleister sparsam verwenden; alle Felder müssen jedoch bedeckt sein.*

7 *Wenn der Kleister angetrocknet ist, mit Gold- oder Bronzepuder bestäuben und diesen vorsichtig mit dem Stück Stoff oder Samt in den Kleister reiben.*

8 ▷ *Den Puder 1 - 2 Stunden anziehen lassen. Die Überreste abreiben.*

9 ◁ *Bestreichen Sie die anderen Stellen mit Kleister und bestäuben Sie sie mit dem Gold- oder Bronzepuder.*

10 ▷ *Falls erwünscht, den Stuhl mit Antiklack lackieren. Dies dient als Schutz. Allerdings wird der Puder dadurch matter.*

Schränkchen mit Hasendraht

Hasendraht sieht besonders rustikal aus und macht sich gut in Küche oder Speisekammer. Der rote Anstrich wurde mit einer dunkleren Lasur überzogen, die im feuchten Zustand gekämmt wurde. Das Kämmen ist eine traditionelle Technik, die von Folklorekünstlern verwendet wird. Es ist eine einfache Methode, Holz aufzufrischen; Sie können also gern mutig mit den Mustern sein! Verwenden Sie ein Schränkchen mit einer Türfüllung. Diese können Sie leicht entfernen und durch Sechseckdraht ersetzen. Die Ränder des „Hasendrahts“ können am Schluss mit Zierleisten verdeckt werden.

MATERIAL:

- kleines Holzschränkchen mit gefüllter Türe
- mittelfeines und feines Sandpapier
- Acrylfarbe in Dunkelrot, Ultramarinblau und Umbra

- mittelgroße Malerpinsel
- Bastelmesser und Schneidunterlage
- kleines Stück Passepartout-Karton
- alter, weißer Teller
- Weißleim, zum Beispiel Uhu coll express
- Antiklack
- Meterstab
- Sechseckdraht (Hasendraht), 12 mm Maschenweite
- Seitenschneider
- Hammer und kleine Krampen oder Tacker und Klammern

1 *Die Türfüllung entfernen und das ganze Schränkchen mit dem mittel feinen Sandpapier abschleifen.*

2 *Danach nochmal mit dem feinen Sandpapier abschleifen.*

3 ◁ *Das Schränkchen innen und außen mit der dunkelroten Acrylfarbe anstreichen.*

4 ▽ *Mit dem Bastelmesser, kleine Zähne in den Passepartout-Karton schneiden.*

➤

5 Mischen Sie die drei Farben zu einem bräunlichen Lila. Dann zu gleichen Teilen mit dem Weißleim zu einer Lasur mischen.

6 ▷ Mit einem neuen Pinsel das Rot des Schränkchens mit der Lasur überstreichen. Mit dem Kamm über die noch feuchten Flächen ziehen; dabei darauf achten, dass der Kamm immer sauber ist.

7 ◁ Die Lasur sieht etwas milchig aus wenn sie nass ist, trocknet aber klar. Nach dem Trocknen das Schränkchen mit Antiklack einstreichen.

8 ▷ Die Größe der Füllung vermessen und für den Hasendraht auf allen Seiten 2,5 cm zugeben. Den Maschendraht zuschneiden und die scharfen Ecken abschneiden.

9 ◁ Den Hasendraht mit Hammer und Krampen oder einem Tacker von innen an der Türe befestigen; dabei auf einer Seite beginnen und den Draht zur anderen Seite hin stramm ziehen.

Kommode in skandinavischem Stil

Bemalte Möbelstücke sind in Skandinavien sehr beliebt, besonders mit Motiven aus der Natur. Wie zum Beispiel diese schönen Füllungen. Sie wurden freihändig mit dem Pinsel gemalt. Die Bilder sollten natürlich aussehen; es ist deshalb nicht so wichtig, ob die beiden Motive symmetrisch sind. Sie sollten die Pinselführung zuerst auf einem Stück Papier üben. Dieses Motiv eignet sich für unterschiedliche Schrank- oder Kommodentüren, sogar für moderne Küchenmöbel.

MATERIAL:

- Indischgelbe Dispersionsfarbe
- mittelgroßer Malerpinsel
- Pflanzenvorlage (siehe Seite 152)
- Bleistift
- Künstler-Acrylfarbe: Ockergelb, Ultramarinblau und Weiß
- alter, weißer Teller und altes Messer oder Spatel zum Farbenmischen
- Strichzieher Nr. 3
- runder Wasserfarbenpinsel Nr. 8
- matter Klarlack und Pinsel

1 *Die Füllungen mit der indischgelben Dispersionsfarbe streichen und trocknen lassen. Mit einem Bleistift das Motiv von der Vorlage auf das Holz übertragen.*

2 *Mischen Sie ockergelbe und ultramarinblaue Acrylfarbe auf einem Teller, sodass ein Grau-Grün entsteht. Mit dem feinen Pinsel von oben beginnend das Motiv ausmalen.*

3 *Vorsichtig nach unten arbeiten und dabei mit der anderen Hand abstützen.*

4 *Mischen Sie ockergelbe und weiße Acrylfarbe bis eine cremefarbene Mischung entsteht. Mit dem Wasserfarbenpinsel den Blumentopf, die Verzierung darunter und die Blütenblätter malen. Mit weiterem Ockergelb die Farbe verdunkeln und die Erde damit ausmalen.*

5 *Nun die andere Türe genauso bemalen und trocknen lassen. Zum Schutz mit einer Schicht Klarlack überziehen.*

Bemalte Holzschatulle

Diese Holzschatullen wurden vor hundert Jahren in ländlichen Gegenden häufig benutzt um Wertpapiere und andere wertvolle Gegenstände aufzubewahren. Oft konnte man in einem Haus mehrere solcher Schatullen in unterschiedlichen Größen finden. Das Motiv ist auf nur leicht abgeschmirgeltes Holz gemalt. Sie können unser Modell als Vorlage benutzen; beim Abpausen jedoch würde die unbefangene Natürlichkeit verloren gehen. Wenn man die frisch gestrichene Schatulle mit feiner Stahlwolle abreibt, nimmt das alte Holz die Farbe inniger auf.

MATERIAL:
- alte Holzschatulle
- feines Sandpapier
- schwarze Künstler-Acrylfarbe
- mittelgroßer Wasserfarbenpinsel
- feiner Wasserfarbenpinsel
- feine Stahlwolle
- Antikwachs

1 *Die Schatulle leicht mit dem Sandpapier abschleifen um etwaige Farb- oder Lackreste zu entfernen.*

2 *Die Farbe mit etwas Wasser verdünnen. Mit dem größeren Pinsel in großen, weichen Bögen die Stengel malen. Falls nötig, die andere Hand als Stütze zu Hilfe nehmen.*

3 *Die freie Hand als Stütze flach auf die Schatulle legen. Mit dem gleichen Pinsel Blätter an die Stengel malen.*

4 *Mit dem feinen Pinsel an jedes Blatt kleine Zähnchen malen. Trocknen lassen.*

5 *Reiben Sie die Schatulle unter leichtem Druck mit Stahlwolle ab, damit die aufgemalten Striche leicht patiniert, aber nicht ganz ausgewischt werden.*

6 *Nehmen Sie ein weiches Tuch und polieren Sie die Schatulle mit Antikwachs.*

Gekalkte Garderobe

Mit dieser bunten, nummerierten Garderobe machen Sie Schluss mit der Unordnung. Dafür wird Abfallholz verwendet und mit verdünnter, weißer Dispersionsfarbe gestrichen, die dem Holz einen gekalkten Effekt gibt und die Maserung durchscheinen lässt. Die Stifte sind aus Holzresten geschnitzt und verleihen der Garderobe einen rustikalen Effekt. Die Ziffern sind den emaillierten Hausnummern in Frankreich abgeschaut.

MATERIAL:

- für die Rückwand: Abfallholz 60 cm x 25 cm x 1 cm
- Bohrmaschine
- drei Stücke Restholz, je 10 cm lang
- Schnitzmesser
- für das Ablagebord: Abfallholz 60 cm x 16.5 cm x 1 cm
- Schrauben
- weiße Dispersionsfarbe
- großer Malerpinsel
- Stahlwolle
- Bastelmesser und Schneidunterlage
- Stück Pappe 9 cm x 11 cm groß
- Bleistift
- Vorlagen für Ziffern (siehe Seite 152)
- Lineal
- Abklebeband
- Kohlepapier
- Künstler-Acrylfarbe: Grün, Gelb und Rot
- alter Teller
- Strichzieher Nr.3
- 2.5 cm flacher Künstlerpinsel
- Holzleim
- matter Klarlack und Pinsel oder klares Polierwachs und Tuch

1 *In das größere Brett 7,5 cm vom unteren Rand in einem Winkel von 40 Grad drei gleichmäßig verteilte Löcher bohren. Aus den drei Holzresten mit einem Schnitzmesser Stifte schnitzen, dabei die Enden auf einer Seite den Löchern anpassen.*
Zum Zusammenbauen in regelmäßigen Abständen Löcher in die Rückwand bohren und die beiden Bretter zusammenschrauben. Mit weißer, verdünnter Dispersionsfarbe anstreichen.

2 *Mit der Stahlwolle die Farbe anschleifen, um die Maserung freizulegen.*

3 *Bei der Pappe wie gezeigt die Ecken abschneiden.*

4 *Mit der Pappe als Schablone jeweils drei Rechtecke über den Löchern für die Stifte einzeichnen.*

5 ▷ *Die Rechtecke mit unverdünnter Dispersionsfarbe ausmalen.*

6 *Die Ziffernschabonen auf 7,5 cm vergrößern.*

7 ▷ *Auf die weißen Rechtecke kleben und mit Kohlepapier unterlegen.*

8 ◁ *Die Ziffern mit einem Bleistift auf das Rückenteil kopieren und Schablone und Kohlepapier entfernen.*

9 ▷ *Mit dem Strichzieher jede Ziffer in einer anderen Farbe ausmalen. Üben Sie mit dem Pinsel zuerst auf einer anderen Fläche.*

➤

10 *Mit dem Künstlerpinsel die Stifte in den unterschiedlichen Farben anmalen und passend zu den Nummern in die dafür vorgesehenen Löcher leimen.*

11 *Die gemalten Nummern leicht mit Stahlwolle abreiben. Zum Schluss mit Mattlack oder Polierwachs überziehen.*

1 2 3

2
3

Geflecktes Hängeregal

Dieses einfache Muster erinnert an kleine Tatzen, dabei gilt je naiver und ungezwungener, desto besser. Die Farbe wird mit einen Stückchen Schwamm fast wahllos aufgetragen. Diese Technik eignet sich auch für andere Möbelstücke,wie zum Beispiel Küchenschränke oder Stühle.

MATERIAL:

- altes Holzregal
- feines Sandpapier
- Acrylfarbe in Goldocker und Zinnoberrot
- alter weißer Teller
- kleine Malerpinsel
- kleines Stück Meerschwamm
- Bleistift
- Strichzieher Nr.2
- Weißleim, zum Beispiel Uhu coll express

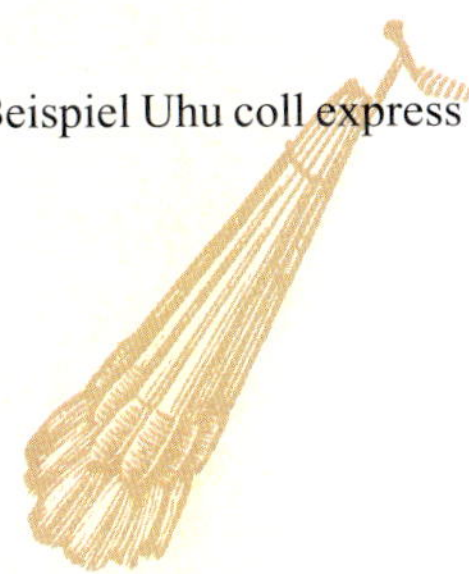

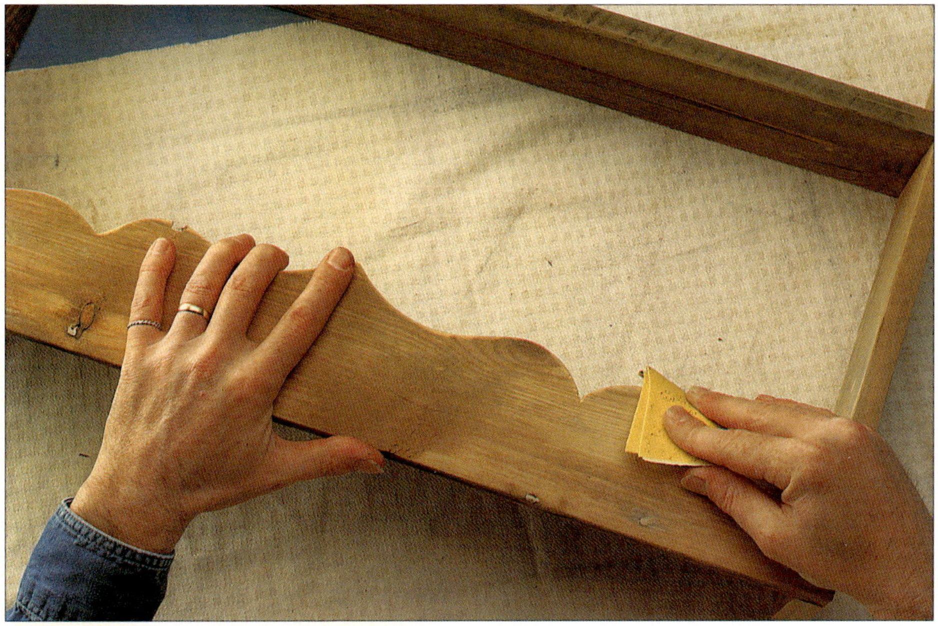

1 ▷ *Das Regal abschleifen.*

2 ◁ *Mit Acrylfarbe in Goldocker streichen und trocknen lassen.*

3 *Etwas Rot mit dem Goldocker mischen und mit dem Schwamm kleine „Tatzen" auf das Regal tupfen.*

4 *Mit einem Bleistift am oberen Rand des Regals eine Linie ziehen. Dabei den Bleistift ruhig und die anderen Finger beweglich halten um eine saubere Linie zu ziehen.*

5 ▷ *Nun mit dem Strichzieher die Linie in Zinnoberrot malen. Trocknen lassen.*

6 *Den Weißleim mit etwas Zinnoberrot vermischen. Im feuchten Zustand sieht der Leim etwas milchig aus, trocknet aber klar und ergibt eine getönte Lasur.*

7 ▷ *Mit einem neuen Pinsel das Regal mit der Lasur einstreichen und trocknen lassen. Die Lasur dient als Schutz, es ist also keine Lackierung nötig.*

Ein Hocker im Schottenrock

Einfache Polsterungen wie diese kann man seit der Erfindung von Klebepistole und Tacker jetzt ganz leicht selbst machen und wenn Sie die Technik einmal beherrschen, können Sie sich auch an etwas schwierigere Aufgaben wagen. Unser Projekt funktioniert ebenso gut mit einem gepolsterten Stuhl. Überziehen Sie eines Ihrer Lieblingsstücke oder suchen Sie auf dem Flohmarkt nach einem geeigneten Objekt. Bei unbearbeitetem Holz empfehlen wir, es zuerst mit einer Schicht weißer Dispersionsfarbe zu streichen.

MATERIAL:
- gepolsterter Hocker oder Stuhl
- mittelfeines Sandpapier
- zu Ihrem Stoff passende Dispersionsfarbe
- kleiner Malerpinsel
- karierter Stoff für Überzug, plus 2,5 cm Nahtzugabe
- Tacker und Klammern
- 4 Polsternägel
- Hammer
- Schere
- Klebepistole und Patronen
- Polsterband um den Hocker, plus 2,5 cm

1 *Die Holzflächen mit dem Sandpapier abschleifen. Das Holz mit der Dispersionsfarbe streichen, danach einen trockenen Pinsel über die feuchte Farbe ziehen.*

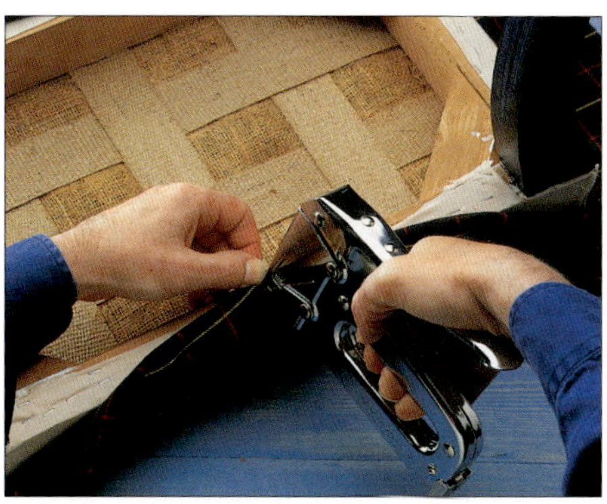

2 *Den Bezug mittig auf die Sitzfläche legen. Mit dem Tacker den Stoff zuerst auf einer Seite in der Mitte einmal festheften. Den Bezug straff ziehen und auf der gegenüberliegenden Seite heften.*

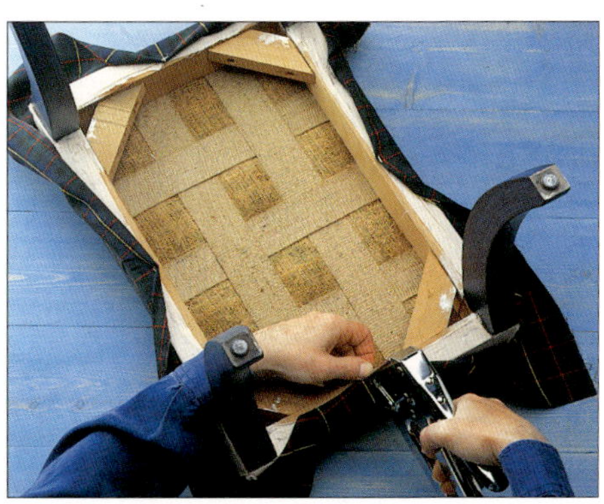

3 *Den Bezug an den anderen Seiten genauso festheften. Nun sollte der Bezug mit vier Heftzwecken gehalten werden.*

4 *In kleinen Abständen den ganzen Bezug festheften, dabei die Ecken offen lassen.*

➤

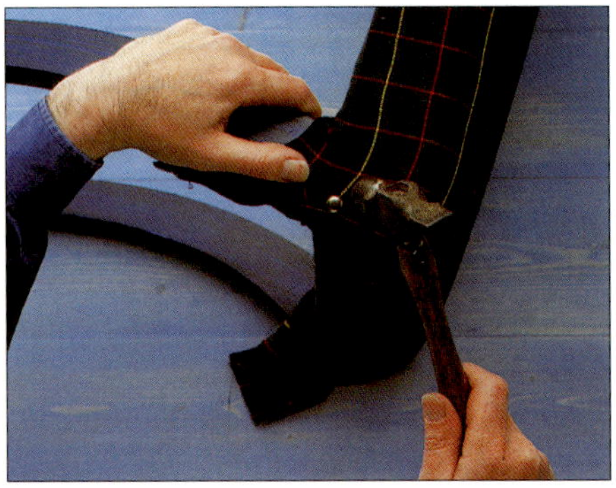

5 *Den Bezug an den Ecken falten und mit einem Polsternagel flach annageln. Die Nägel werden später wieder entfernt.*

6 *Die Stoffreste abschneiden, dabei einen kleinen Saum stehen lassen.*

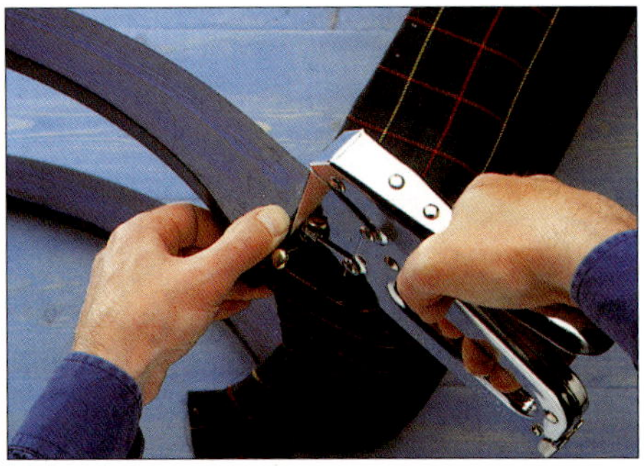

7 *Die Stoff-Falte mit dem eingeschla - genen Saum festheften und den Polsternagel entfernen. Erst an der gegenüberliegenden Seite, dann an den anderen Seiten wiederholen.*

8 *Die Klebepistole erhitzen. Das Ende des Polsterbandes an einer Ecke des Hockers festkleben. Dann den Klebstoff in einem dünnen Streifen auftragen.*

9 *Das Polsterband gespannt halten und glatt auf den Klebstoffstreifen kleben. Für ein sauberes Ende, das Band am Schluss unter den Anfang kleben.*

Küchenuhr mit Gewürzregal

Jede Küche braucht auch eine passende Küchenuhr. Dieses Modell ist mit einem Gewürzregal ausgestattet. Je nach Wunsch kann das einfache Gehäuse mit Folkoremustern bunt bemalt werden. Hier sind Ihrer Kreativität keine Grenzen gesetzt. Uhrwerke kann man bei einem Uhrmacher oder in einem Bastelgeschäft erstehen. Die Öffnung für das Uhrwerk kann Ihnen ein Schreiner schneiden wenn Ihnen das nötige Werkzeug fehlt.

MATERIAL:

- Spanplatte oder Kiefernbrett wie folgt zuschneiden:
- Umrandung fürs Ziffernblatt 25 x 25 cm
- für die Seiten: 2 Bretter à 47 x 9 cm
- für oben und unten: 2 Bretter à 9 x 25 cm
- für das Regal: 9 x 25 cm
- 9 mm Holzdübel, 10,5 cm lang
- kleine Zierleiste, 50 cm lang
- weißes Metalluhrwerk mit römischen Ziffern
- ockergelbe Dispersionsfarbe
- mittelgroßer Malerpinsel
- Antikwachs
- weiches Tuch
- Stahlwolle
- Klebepistole und -patronen

1 *Bauen Sie das Gehäuse nach der Vorlage auf Seite 151. Mit ockergelber Dispersionsfarbe streichen und trocknen lassen.*

2 *Großzügig mit Antikwachs einreiben, vor alem in die Ecken und bei Kiefer auch in die Maserung. Danach das Holz mit Stahlwolle abreiben, damit die Farbe an einigen Stellen stärker durchscheint, das Wachs aber in den Ecken und in der Maserung stehen bleibt.*

3 *Reiben Sie das Ziffernblatt mit Antikwachs ein, damit das Weiß etwas gedämpft wird.*

4 *Uhrwerk und Ziffernblatt zusammenbauen.*

5 *Die Zeiger anbringen. Mit der Klebepistole das Ziffernblatt in das Gehäuse kleben; dabei darauf achten, dass die Zwölf senkrecht nach oben zeigt.*

Textilien

Im Landhaus-Stil werden ausschließlich natürliche Textilien verwendet. Dazu gehören Musselin, Kattun, Segeltuch, rau gesponnenes Leinen und natürlich Baumwolle. Blumendrucke, Streifen, Würfel- und Karomuster sind eine hervorragende Ergänzung zu Landhaus-Stil-Möbeln und -Dekorationen. Patchworkdecken und Flickenteppiche selbst herzustellen ist zwar eine alte Tradition; sie wird jedoch mit neuen Darstellungen alter Motive belebt und am Leben erhalten. Handarbeiten sind ein maßgeblicher Teil des Landhaus-Stils – hergestellt mit viel Liebe und in einer Qualität, die lange währt. Kreieren Sie eine nostalgische Stimmung mit Textilien, die an Natur und Folklore erinnern.

Rechts: *Gingham-Würfel, gestreifte Baumwollstoffe und gemusterte Tagesdecken werden umso schöner, je älter sie sind. Viel zu schade, sie nur im Schrank zu verstecken! Zusammengelegt und auf offenen Regalen gestapelt machen sich solche Textilien besonders gut.*

Textilien im Landhaus-Stil

Oben: *Versuchen Sie sich einmal an einer Stickerei auf einem Geschirrtuch aus Waffelpikee. Hier wurde es mit einem dänischen Kreuzstichmuster verziert.*

Die Textilien, die wir heute mit dem Landhaus-Stil verbinden, verkörpern eine bunte Mischung an Mustern und Motiven, die aus weiten Teilen der Welt zusammengetragen wurden. Hier werden die warme Herzlichkeit von Gegenden wie der Provence, der Toskana und Griechenland mit der Schlichtheit der „Shaker“ und der „Amish-People“ sowie mit einem Hauch mittelalterlicher, keltischer und orientalischer Kultur verbunden. Das gemeinsame Element ist die Tatsache, dass die Textilien ursprünglich alle von Hand hergestellt und verziert wurden, obwohl sie heute meist bedruckt werden und man sie in Fabriken herstellen lässt. In diesem Kapitel stellen wir Ihnen verschiedene Druckmethoden vor; die Kleeblatt-Tischdecke wurde mit einem Kartoffelstempel bedruckt, die traditionelle Decke mit einem Schwamm. Beide Male haben wir Farben auf Wasserbasis benutzt; die sind angenehmer zu handhaben als Ölfarben. Unter unseren Näh-Anleitungen haben wir eine „Schnell-und-einfach“-Patchworkdecke, die mit der Nähmaschine bestickt wird und einen handgefertigten Wandbehang. Von Hand braucht man natürlich mehr Zeit und Ausdauer, aber die leichten Unregelmäßigkeiten, die dabei entstehen, unterstreichen den besonderen Charme der Arbeit. Füllstoffe zum Aufbügeln erleichtern die Arbeit bei der Herstellung eines Quilts und sie sind einfach zu handhaben. Der Flickenteppich ist eine gute Arbeit für lange Winterabende oder wenn es regnet; dabei lassen sich gut alte Stoffreste verarbeiten. Eine weitere ungewöhnliche Idee ist das Sternenbanner, hier einmal aus bemaltem Segeltuch-Stoff. Mit ein paar Schichten Klarlack wird das Exemplar zu einem robusten Läufer. Auch wenn Sie noch nie an einer Nähmaschine gesessen sind oder bei Stickereien unerfahren sind, werden

Rechts: *Rau gewebte Baumwolle mit Streifenmustern eignet sich besonders gut für Polstermöbel; und für eine ganze Reihe andere Dinge.*

Oben: *Quer statt längs gestreifte Vorhänge machen schmale Fenster breiter. Reste vom Vorhangstoff können gut zu passenden Stuhlkissen verarbeitet werden.*

Sie in diesem Kapitel etwas finden. Die Servietten mit den blauen Kreuzstichen sind sehr einfach zu machen und ideal für Anfänger. Die Farben müssen dabei nicht immer passen. Beim Landhaus-Stil findet man häufig eine bunte Mischung an Farben und Formen. Textilien und Muster sind oft schöner, wenn sie mit der Zeit etwas ausgebleicht sind und unser Ziel sollte sein, eine warme, gemütliche und vor allem praktische Atmosphäre zu schaffen.

Sternen Banner

Die Segeltuch-Läufer wurden zuerst von amerikanischen Siedlern hergestellt. Sie wurden aus den alten Segeln der Schiffe gemacht, mit denen sie aus Europa gekommen waren und sollten an europäische Teppiche erinnern. Sie können das Sternenbanner beliebig groß machen. Segeltuchstoff kann man beschichtet oder unbehandelt kaufen. Je besser die Beschichtung, desto länger wird das Sternenbanner schön bleiben.

MATERIAL:

- naturweißer Segeltuchstoff
- Lineal und Bleistift
- Bastelmesser
- doppelseitiges Klebeband, 5 cm breit
- evtl. weiße Acrylgrundierung
- mittelgroßer Malerpinsel
- Abklebeband
- Acrylfarbe:Scharlachrot, Kobaltblau und Weiß
- alter Teller
- Stern-Vorlage (siehe Seite 153)
- Durchpauspapier und Bleistift
- Sprühkleber
- Stück Pappe
- Schneidunterlage
- Schablonierpinsel
- matter PU-Lack, klar oder antik gefärbt
- Pinsel

1 *Auf der linken Seite des Segeltuchs mit 10 cm Abstand einen Rand zeichnen. Mit dem Bastelmesser wie gezeigt die Ecken abschneiden.*

2 *Doppelseitiges Klebeband am inneren Rand der Linie befestigen. Schutzfolie abziehen, die Ränder überklappen und festkleben.*

3 *Bei unbeschichtetem Segeltuch die Vorderseite mit zwei Schichten Acrylgrundierung einstreichen.*

4 *Zeichnen Sie im Abstand von 7,5 cm der Länge nach Linien auf das Segeltuch. Jede zweite Linie mit Abklebeband überkleben.*

5 *Jeweils die breiten Streifen mit roter Acrylfarbe anmalen.*

6 *Nach dem Trocknen die Abklebebänder abziehen.*

7 ▽ *Den Stern abpausen und auf die Pappe kleben.*
Mit dem Bastelmesser ausschneiden.

8 ◁ *Den Stempel in einem Abstand von 5 cm auf einen weißen Streifen legen. Mit dem Schablonierpinsel blau ausmalen, dabei mit wenig Farbe von außen nach innen malen. Darauf achten, dass die Rückseite der Schablone sauber bleibt. Die Sterne in einem Abstand von 10 cm auf alle weißen Streifen malen.*

9 △ *Auf die roten Streifen werden weiße Sterne gemalt. Dabei die Sterne immer um 5 cm verschieben.*

10 ◁ *Nach dem Trocknen mindestens 3 Schichten Klarlack auftragen.*
Mit getöntem Antik-Lack werden die Farben etwas gedämpft.

Decke mit Stempelmuster

Locker drapierte Decken, mit denen man harte Kanten oder eine Vielzahl von Sünden zudecken kann, dürfen beim Landhaus-Stil nicht fehlen. Das Blumenmuster, eigentlich eine Applikation für eine Patchworkdecke, wird hier aber stattdessen mit Stempeln aufgebracht.

Sie können die Farben aus unserem Modell übernehmen oder eigene Farbkombinationen wählen. Stoffmal- und Druckfarben gibt es in Geschäften für Bastel- und Künstlerbedarf. Sie können auch leicht unregelmäßiges Gewebe verwenden.

MATERIAL:

- alte Wolldecke
- Reißnägel
- drei Vorlagen (siehe Seite 153)
- Durchpauspapier und Bleistift
- Sprühkleber
- fester Schaumgummi, 1 cm dick
- Bastelmesser und Abklebeband
- altes Küchenmesser
- Glasscheibe
- Stoffmal- und Druckfarbe in zwei oder mehr Farben
- kleine Farbwalze
- Meterware in Naturweiß für die Decke und passendes Nähgarn
- Nähmaschine

1 *Decke auf einer glatten Fläche mit Reißnägeln befestigen. Die Vorlagen kopieren oder abpausen und auf drei Stücke Schaumgummi kleben.*

2 *Die Motive ausschneiden, dabei mit dem Bastelmesser in den Schaumgummi zeichnen. Den Schnitt etwas aufbiegen und vorsichtig durchschneiden. Auf weiche Rundungen achten.*

3 ◁ *Die Vorlagen abziehen und mit dem Abklebeband kleine Griffe für die Stempel anfertigen.*

4 ▽ *Auf der Glasscheibe mit dem Messer die Farben mischen, bis Ihnen die Farbtöne gefallen.*

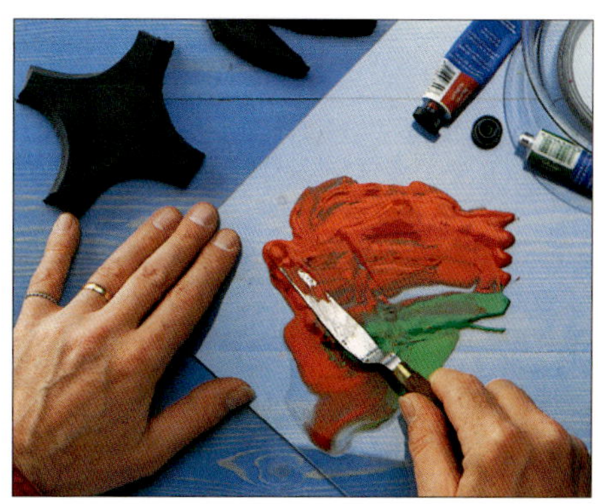

➤

5 *Mit der Farbwalze eine Farbe auf den länglichen Stempel auftragen.*

6 *Den naturweißen Stoff ringsum einsäumen und auf die Decke legen. An einem Rand anfangen und mit dem Stempel gleichmäßige Quadrate drucken. Gerade abheben, um Verschmieren zu vermeiden.*

7 ◁ *Mit der gleichen Farbe nun das Kreuz in der Mitte der Quadrate stempeln.*

8 ▽ *Glasscheibe und Farbwalze reinigen und die Farbe für die Blattmotive auftragen. In jedes Quadrat vier Blätter stempeln. Trocknen lassen.*

Fensterbehang mit Applikation

Ein Behang fürs Fenster ist sowohl praktisch als auch dekorativ. Er eignet sich besonders gut als Schutz vor kaltem Wetter; alte Fenster schließen oft nicht dicht genug. Die Idee für diesen Behang stammt aus Chicago und er tauchte dort 1940 zum ersten Mal auf. Er soll Gastfreundschaft verbreiten und eignet sich deshalb gut für die Küche. Der Behang wird einfach an Vorhangclips aufgehängt.

MATERIAL:

- zwei Kaffeetassen-Vorlagen (siehe Seite 154)
- Durchpauspapier und Bleistift
- Sprühkleber
- Stück Pappe
- Bastelmesser und Schneidunterlage
- feiner, schwarzer Filzstift
- je 50 cm Baumwollstoff in Mittelblau, Rotbraun und Olivegrün
- Schere
- Stecknadeln
- vorgewaschener natürlicher Kattun Größe: wie das Fenster plus 5 cm
- Nähnadel und Faden
- dünner Füllstoff zum Aufbügeln, Größe wie der Kattun
- Bügeleisen
- mittelblauer Baumwollstoff, ringsum 7,5 cm größer als der Kattun
- Seilspann-Garnitur

1 *Beide Vorlagen abpausen und auf Pappe kleben.*

2 *Mit dem Bastelmesser die beiden Motive ausschneiden.*

3 *Mit dem Filzstift die größere Vorlage auf die farbigen Baumwollstoffe pausen. Jeweils ungefähr 6 Stück.*

4 ▷ *Die kleinere Vorlage in die vorgemalten Tassen legen und ebenfalls abpausen. Auch die Querlinien einzeichnen.*

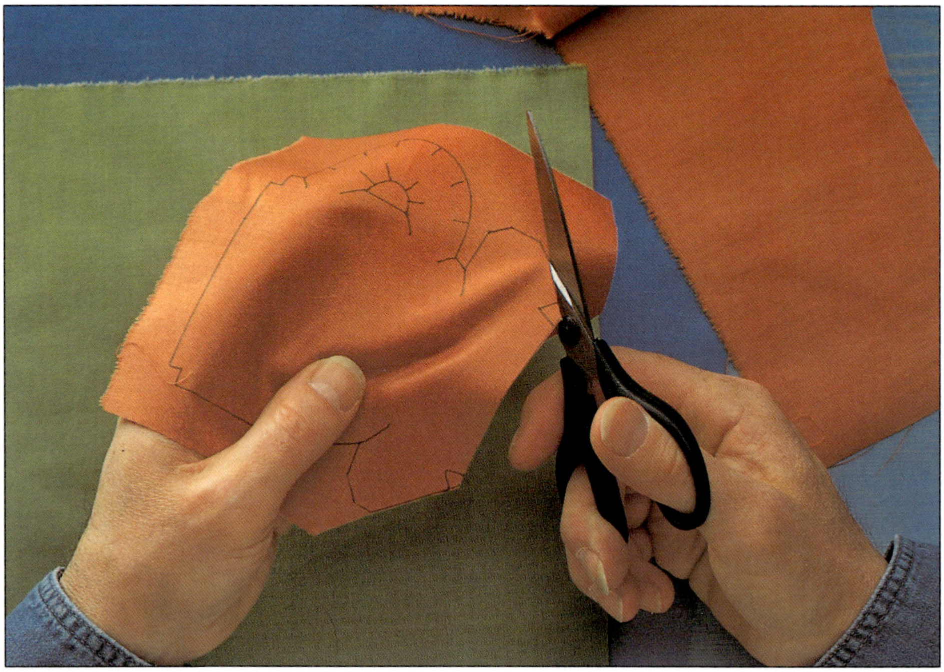

5 *Die Stofftassen an den äußeren Rändern entlang ausschneiden.*

6 ▽ *Die Querlinien wie gezeigt einschneiden.*

7 ◁ *Die Kaffeetassen auf den Kattun stecken. Dabei die Farben abwechseln und auf gleichmäßige Abstände achten.*

8 ▷ *Mit dem Daumennagel einen kleinen Saum falten und einschlagen.*

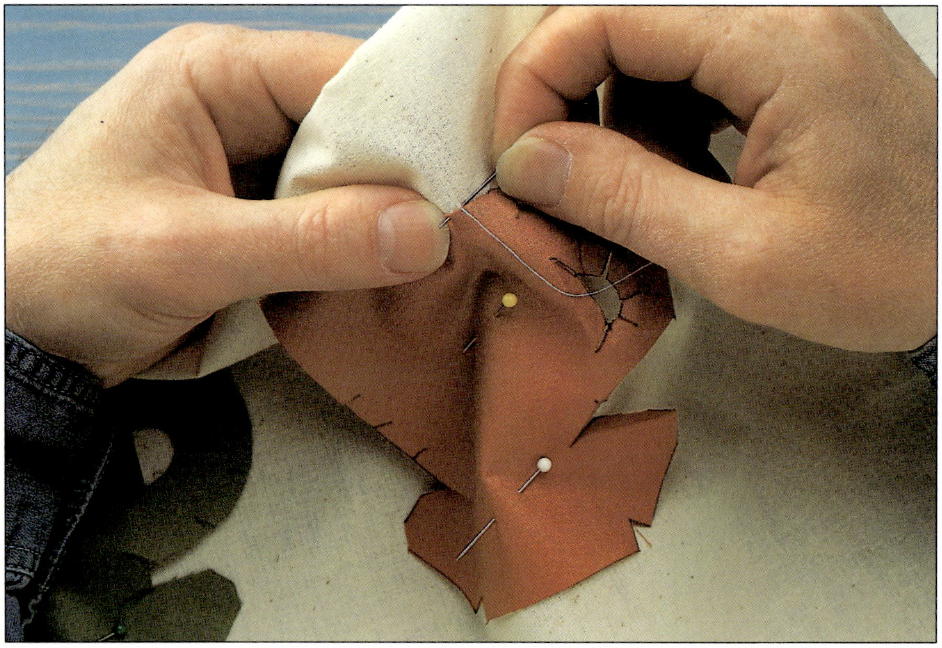

9 ◁ *Die Motive mit unsichtbaren Saumstichen applizieren, den Saum glatt unterschieben. Stechen Sie mit der Nadel durch den Kattun nach unten und durch das Motiv wieder nach oben. Kleine Unregelmäßigkeiten tragen zur Schönheit bei.*

Fertigstellung:
Den Füllstoff auf den Kattun aufbügeln. Sie müssen zum Bügeln ein Tuch dazwischen legen. Den blauen Baumwollstoff flach auslegen und den Kattun gerade darauf legen. Die abstehenden Ränder an den Seiten umfalten und als Bordüre mit einem verdeckten Saumstich festnähen.
Die Vorhangclipse befestigen.

Kissen mit Hahnenmuster

Der stolze Hahn ist ein beliebtes Motiv in der Folkore. Man sieht ihn überall, auf Kirchtürmen ebenso wie auf Blechtellern. Die Kombination von Gingham-Mustern und einem Hahnenmotiv ist Landhaus-Stil in in höchster Vollendung. Das Motiv wurde hier auf den Stoff kopiert. Dies können Sie bei einer Druckerei machen lassen, die auch T-Shirts bedruckt. Der Druck kann gewaschen werden, man sollte ihn aber nicht bügeln.

MATERIAL:
- Hahnen-Vorlage (siehe Seite 153)
- Schere
- Din-A-3-Bogen weißes Papier
- Sprühkleber
- 50 cm beigefarbener Baumwollstoff
- 40 cm x 40 cm beige und blau im Gingham-Muster karierter Baumwollstoff
- Stecknadeln
- Nähmaschine und passendes Garn
- quadratisches Sitzkissen mit 38 cm Seitenlänge.

1 *Das Hahnenbild 5-mal fotokopieren und die Motive grob ausschneiden.*

2 *Die Motive gleichmäßig auf dem Blatt Papier arrangieren und festkleben.*

3 *Aus dem beigefarbenen Baumwollstoff ein 30 x 30 cm großes Quadrat ausschneiden. Im Copyshop eine Transferfolie von den arrangierten Hahnenmotiven herstellen lassen, die quadratisch zurecht geschnitten werden sollte. Beim Drucker nach der Vorlage aufdrucken lassen. Darauf achten, dass die Motive in der Mitte des Baumwollstoffs zu liegen kommen.*

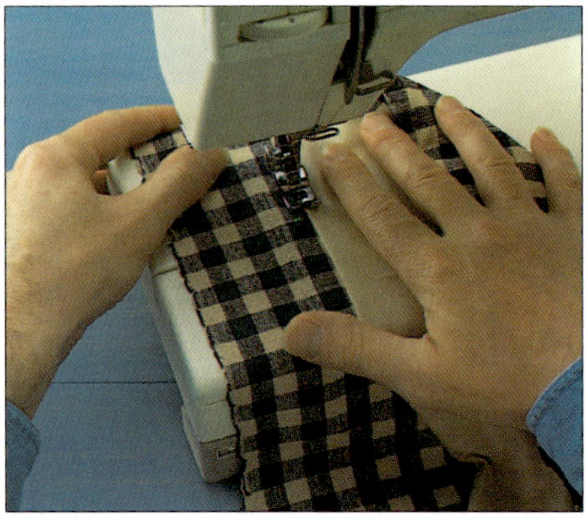

4 *Den bedruckten Stoff ringsum einsäumen. Zentral auf die rechte Seite des Ginghamstoffs legen, feststecken und mit der Nähmaschine aufnähen.*

5 *Für das Rückenteil in Beige zwei 40 x 30 cm große Stücke zuschneiden und jeweils eine der langen Seiten einsäumen. Die drei Teile mit den rechten Seiten verdeckt zusammenlegen. Die äußeren Ränder exakt anpassen, sodass die Mitte überlappt.*

6 *Die drei Teile zusammenstecken und mit der Maschine zusammennähen. Falls nötig (wegen der vier Lagen in der Mitte) die Nadelhöhe verstellen.*

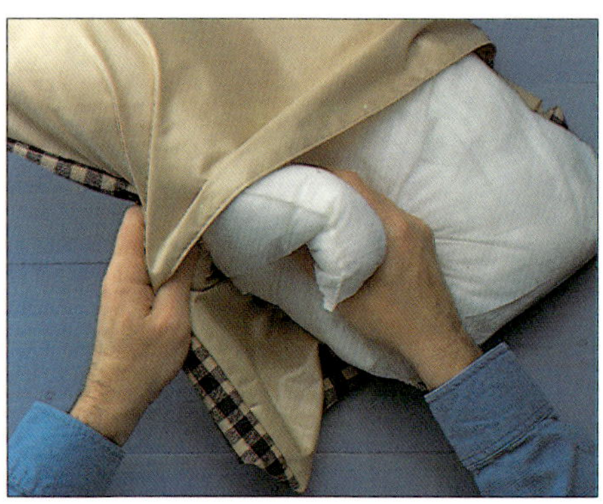

7 ▷ *Abstehende Ecken abscheiden. Den Bezug wieder rechts wenden und das Kissen überziehen.*

Bestickte Servietten

Um Kreuzstiche gut zur Geltung zu bringen, braucht es gleichmäßige Stiche; da liefern Karos und Gingham-Muster eine optimale Vorlage. Wenn Sie noch nicht viele Stickereiarbeiten gemacht haben, ist diese einfache Kreuzstich-Serviette eine gute Idee für den Anfang. Das Baumwollgewebe ist etwas dicker und rau gewebt, passend zu dickem Stickgarn. Kreuzstiche sehen aber auch auf gekauften Stoffservietten sehr schön aus.

MATERIAL:

für vier Servietten

- 1 m schwerer, karierter Baumwollstoff
- Stoffschere
- Stecknadeln
- Nähnadel und Garn
- Nähmaschine und passendes Garn
- Stickereischere
- Baumwollstickgarn in einer hellen Kontrastfarbe
- Sticknadel

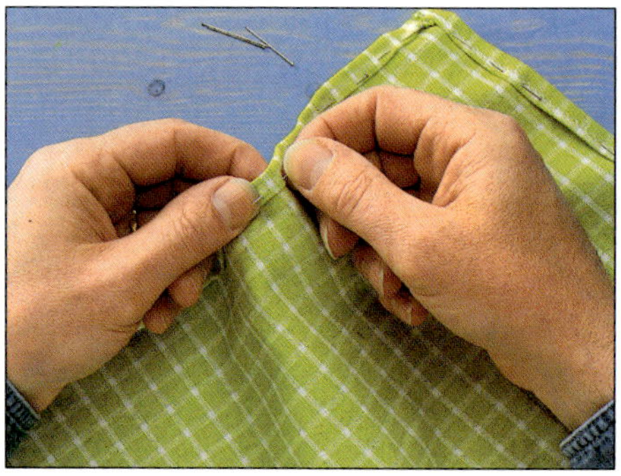

1 *Den Baumwollstoff in vier Rechtecke schneiden, 35 x 48 cm groß. Den Saum zweimal umschlagen und feststecken.*

2 *Mit der Nähmaschine in einer passenden Farbe mit einer geraden Naht oder mit einem Zickzack-Stich einsäumen.*

3 *Eine Länge Stickgarn sollte doppelt so lang sein wie die Serviette. Das Garn einfädeln und das Ende verknoten. Mit dem Knoten auf der Rückseite in der zweiten Karoreihe beginnen und diagonale Stiche über jedes zweite Quadrat arbeiten. Die Reihe beenden und mit einem sauberen Doppelstich abschließen.*

4 *Einen zweiten Faden einfädeln und auf die gleiche Weise in die entgegengesetzte Richtung arbeiten, so dass Kreuze entstehen. Wiederholen Sie die Arbeit, bis auf beiden Seiten der Serviette drei Reihen Kreuzstiche sind.*

Einfacher Patchwork-Quilt

✷ Diese gleichmäßigen Quadrate sind das einfachste Patchworkmuster. Mit der Maschine lässt sich dieser Quilt einfach und schnell an einem Tag herstellen. Die hier gewählten Stoffe sollen an den „Shaker-Stil" erinnern. Ein tolles Ergebnis erhalten Sie auch, wenn Sie strahlende Primärfarben oder klein gemusterte Stoffe verwenden. Bei alten Quilts wurden oft Stoffreste verarbeitet; aus den Lieblingskleidern Ihrer Kinder könnte so ein schönes Erinnerungsstück werden.

MATERIAL:

für ein Einzelbett

- je 1 m karierter Baumwollstoff
- Maßband
- Stoffschere
- Nähmaschine und passendes Garn
- 2 m mittelschwerer Füllstoff
- Bügeleisen
- gewebtes Baumwoll-Laken für ein Einzelbett
- 50 cm gemusterter Baumwollstoff
- Stecknadeln
- Nähnadel und Garn

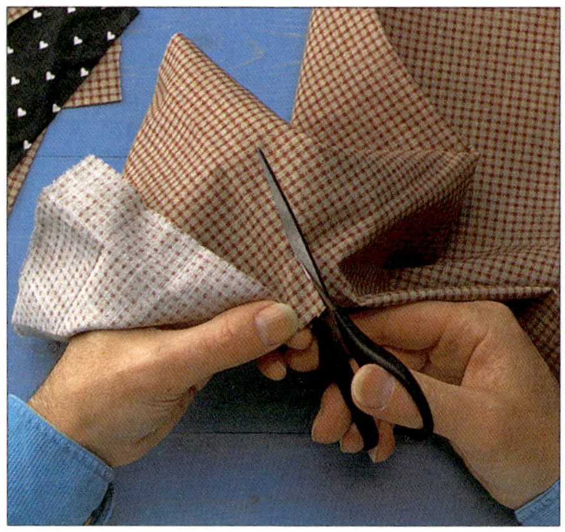

1 *Aus jedem Stoff eine gleiche Anzahl 19 cm große Quadrate ausschneiden.*

2 *Mit den Stoffen abwechselnd immer neun Quadrate zu einem Streifen verarbeiten. Die Streifen sollten mit verschiedenen Stoffen beginnen. Im Ganzen brauchen Sie sechs Streifen.*

3 *Die Reihen zusammennähen, die Ecken der Quadrate müssen aufeinander treffen.*

4 ▷ *Den Füllstoff flach auslegen, die zusammengenähten Quadrate mit der rechten Seite nach oben, aufbügeln. Ränder abschneiden.*

5 *Die Näharbeit mit der rechten Seite oben auf das Bettlaken legen, feststecken und mit der Maschine annähen.*
Überstehende Ränder abschneiden.

6 ▽*Den Umfang des Quilts abmessen und aus einem Kontraststoff 7,5 cm breite Streifen für eine Bordüre zuschneiden.*

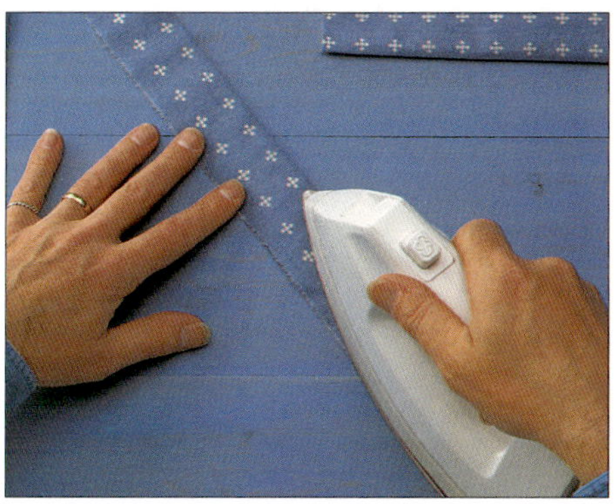

7 ◁ *Die Streifen mit der rechten Seite nach außen zur Hälfte falten und bügeln.*

8 ▷ *Füllstoff in 2,5 cm breite, passende Streifen schneiden, in die Streifen einfügen und nocheinmal bügeln.*

9 ◁ *Die Streifen öffnen und wie gezeigt auf die Vorderseite des Quilts nähen.*

10 ▽ *Die Bordüre nach hinten falten, den Saum einschlagen und feststecken.*

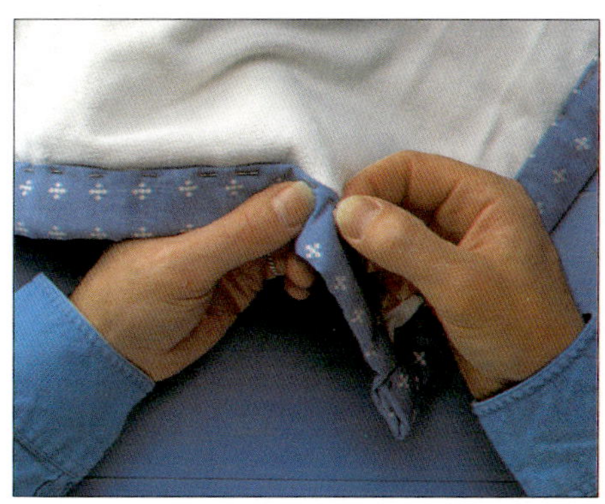

➤

11 *Für saubere Ecken die Bordüren unterfalten und feststecken..*

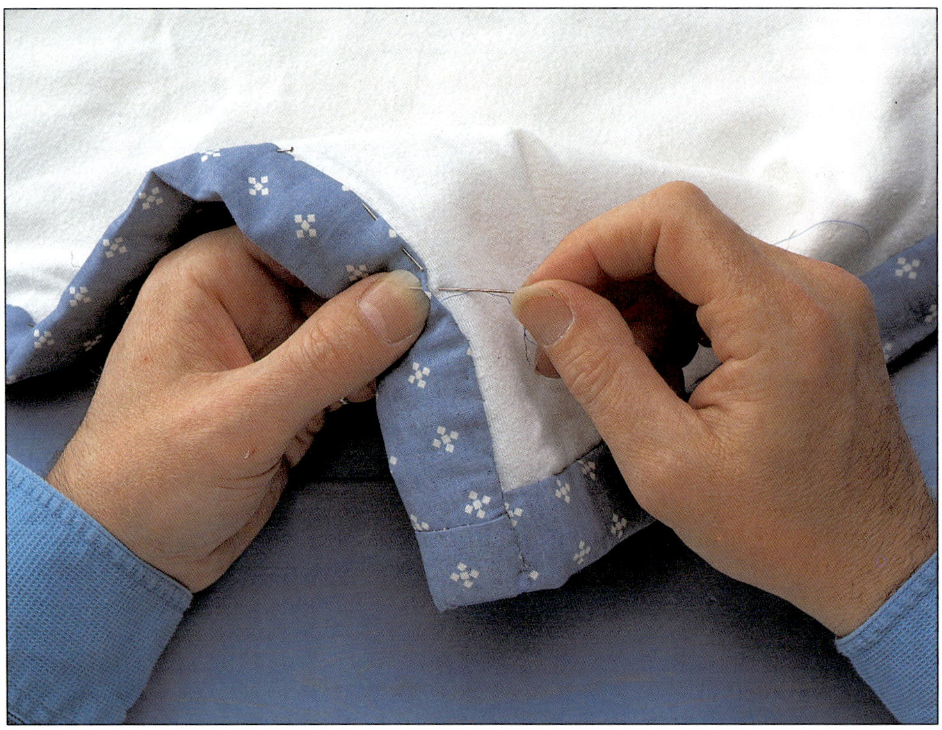

12 *Die Bordüre mit kleinen verdeckten Saumstichen festnähen.*

Kleeblatt Tischtuch

Diese frischen vierblättrigen Kleeblätter wurden mit einem Kartoffelstempel gedruckt. Die aufgeschnittene Kartoffel gibt eine stärkehaltige Flüssigkeit ab, die sich mit der Farbe vermischt und auf dem Druck lichtdurchlässig wirkt. Reine Baumwolle ist dafür am besten geeignet, aber sie muss zuerst gewaschen werden um Stärke oder Glanz zu entfernen. Es macht nichts aus, wenn die Drucke nicht perfekt sind – es bringt etwas Abwechslung ins Bild und schließlich ist das Tischtuch ja selbst gemacht. Wenn Sie eine Pause brauchen, legen Sie die Kartoffel in etwas Eiswasser. Vor dem Weiterarbeiten muss sie abgetrocknet werden.

MATERIAL:

- alte Wolldecke
- Reißnägel
- mittelgroße frische Kartoffel
- scharfes Messer und Küchenbrett
- kleiner Künstlerpinsel
- Bastelmesser
- scharfes Küchenmesser
- saftgrüne Stoff-Mal- und Druckfarbe (oder Grundfarben Rot, Gelb und Blau)
- Glasscheibe
- altes Küchenmesser
- kleine Farbwalze
- weißes Tischtuch oder Stoff, 100 % Baumwolle, gewaschen und gebügelt
- Nähmaschine und passendes Garn

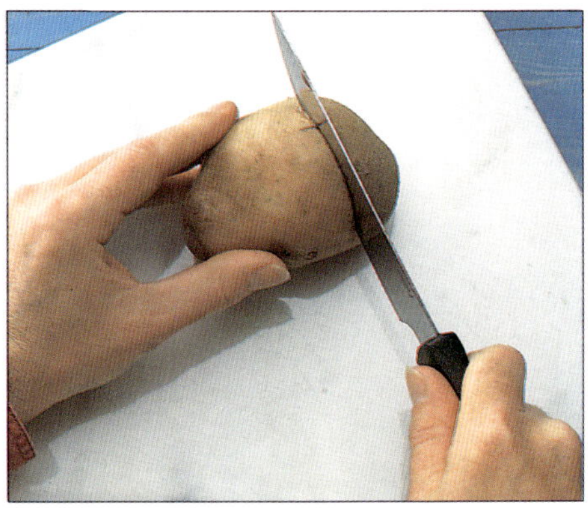

1 *Die Decke mit Reißnägeln auf einer glatten Fläche befestigen. Die Kartoffel in derMitte durchschneiden, die Schnittfläche muss glatt sein.*

2 *Zur Übung das Kleeblatt auf ein Stück Papier abmalen. Dann auf die Kartoffel übertragen.*

3 *Mit dem Bastelmesser vorsichtig das Motiv umranden. Auch die inneren Linien einschneiden und mit flacher Schneide ausheben.*

4 *Den Rand um das Motiv so abschneiden, dass der Stempel etwa 6 mm hoch ist.*

➤

5 *Mit einem Küchenmesser die Kartoffel zu einem Quadrat schneiden. Ringsum mit einer Rille versehen, ist der Stempel einfacher zu halten.*

6 ▷ *Als Farbe Saftgrün verwenden, oder bei den Grundfarben 2 Teile Gelb, 1 Teil Blau und $^1/_4$ Teil Rot mischen.*

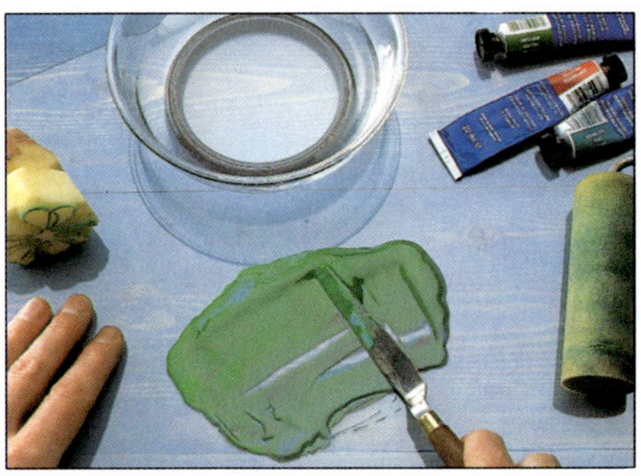

7 ◁ *Die Grundfarben auf der Glasscheibe gut mischen.*

8 ▷ *Die Farbe muss gleichmäßig auf der Walze verteilt sein.*

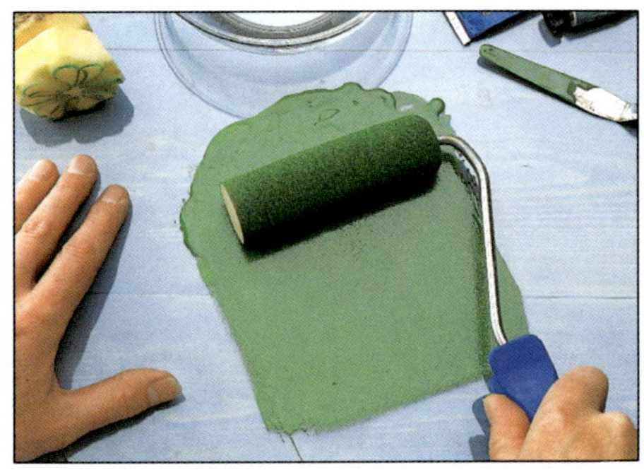

9 *Farbe gleichmäßig auf dem Stempel auftragen.*

10 ▷ *Tischdecke oder Baumwollstoff glatt auf die gespannte Decke legen und mit dem Stempel ein wahlloses Muster drucken. Nach zwei Drucken neue Farbe auftragen. Trocknen lassen. Den Saum zweimal einschlagen und einsäumen. Dazu können Sie passende Servietten herstellen.*

Interessanter Schlaufenteppich

Ursprünglich wurden so alte Kleidungsstücke verarbeitet, um auf günstige Weise einenTeppich zu erhalten. Manche dieser alten Arbeiten sind jedoch wahre Kunstwerke. Oft wurden Gegenstände aus Haus und Hof auf den Teppichen abgebildet. Wenn Sie die Schlaufen aufschneiden, gibt es eine glattere Oberfläche. Ob mit Schlaufen oder ohne, es ist ein schönes traditionsreiches Stück. Mit Wollgeweben erhalten Sie ein besseres Ergebnis, sie sind schmutzabweisend und angenehmer für die Füße. Wolldecken oder Tweed sind am besten geeignet. Wenn Sie die Gewebe zuerst in heißem Wasser waschen, verfilzen sie etwas und können besser verarbeitet werden.

MATERIAL:

- Juteleinen in gewünschter Größe plus 5 cm Nahtzugabe an allen Seiten
- feiner, schwarzer Filzstift
- Nähnadel und Garn
- große Stopfnadel und Schnur
- Teppichmacher-Holzrahmen
- bunte Mischung an Wollstoffresten
- große Schere
- große Häkelnadel

1 *Mit einem Filzstift den Rand für den Teppich markieren. 5 cm Saum ringsum unterfalten und feststecken.*

2 *Das gewünschte Motiv aufmalen. Das können Tiere oder Pflanzen sein oder ein abstraktes Motiv.*

3 *Die Jute mit der Schnur mit einem fortlaufenden Stich an den beiden gegenüberliegenden Seiten des Rahmens befestigen. Den Rahmen zusammenbauen.*

4 ◁ *Die offenen Seiten auf dieselbe Art befestigen.*

5 ▽ *Die Wollstoffe – je nach Gewebe – in 0,5 - 1 cm breite Streifen schneiden. Nach Farben sortieren.*

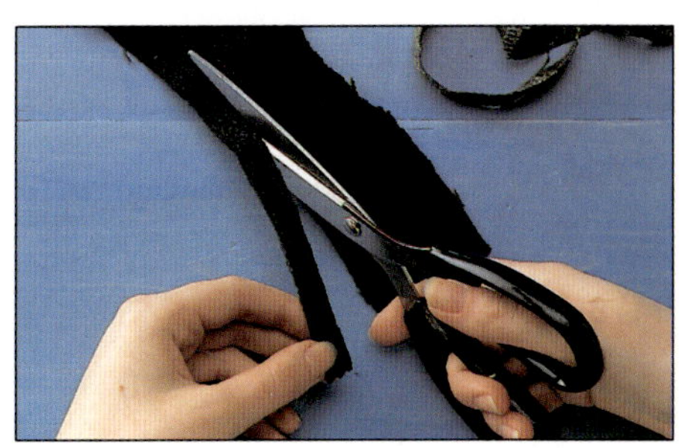

➤

6 *Den ersten Streifen in der Mitte falten und mit Daumen und Zeigefinger unter dem Gewebe halten. Die Schlaufe mit der Häkelnadel nach oben ziehen. (Die Aufnahme zeigt die Unterseite).*

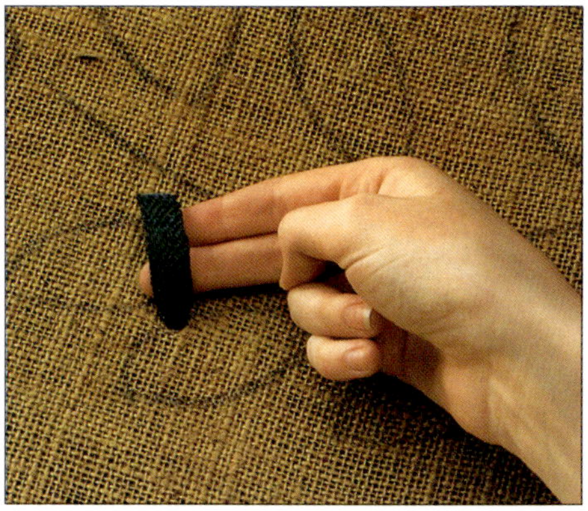

7 *Die Schlaufe sollte an der Oberfläche etwa 1 cm groß sein.*

8 *Entlang der vorgemalten Linie in kleinen Abständen wiederholen.*

9 *Je nach Breite oder Dicke der Streifen sind die Abstände größer oder kleiner.*

10 *Die Enden der Streifen nach oben ziehen und anpassen. In dieser Art wird der ganze Teppich gehäkelt. Nach Bedarf die Farben wechseln.*

11 *Nach der Fertigstellung den Teppich vom Rahmen abmachen. Über den Rand wird ein passender Stoff gefaltet und oben und unten mit kleinen Stichen festgenäht.*

Accessoires

Auch bei Accessoires wird beim Landhaus-Stil viel Wert auf Nützlichkeit gelegt.

Das bedeutet jedoch nicht, dass hier auf Schönheit verzichtet wird; ganz im Gegenteil. Accessoires bringen Charakter und sie sind es, die aus einem Raum ein Zuhause machen. Dazu gehören ungewöhnliche und interessante Gegenstände, die sich im Laufe der Jahre angesammelt haben, von denen jeder eine andere Geschichte erzählt.

Aber auch auf Flohmärkten und Antikverkäufen können Sie tolle Funde machen.

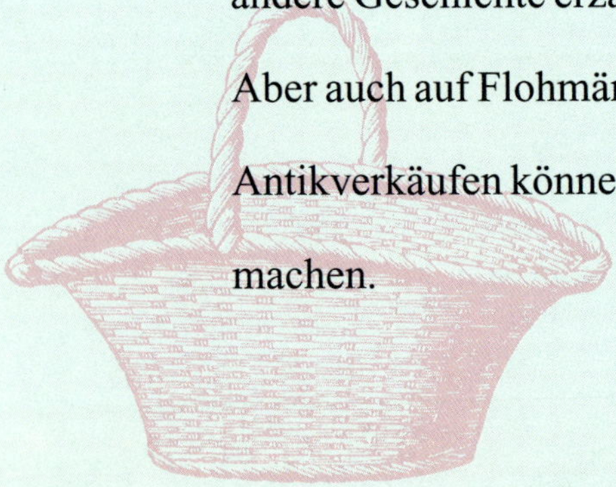

Rechts: *Accessoires werden im Landhaus-Stil viel genutzt und sind beliebt. Wie zum Beispiel die Milchkanne. Sie macht sich gut neben einem alten Drahtkorb und Küchengeschirr.*

Accessoires im Landhaus-Stil

Wenn Sie Ihr Zuhause mit unseren verschiedenen Ideen in ein Landhaus verwandelt haben, geben die passenden Accessoires den letzten Schliff. Bestimmte Gegenstände unterstreichen Ihren persönlichen Stil; diese zu finden, braucht jedoch Zeit und Geduld. Oft kommt es darauf an, zur richtigen Zeit am richtigen Ort zu sein. Mit viel Geld können Sie natürlich viele besonders stilvolle Stücke erstehen, aber Sie würden sich um den Spaß bringen, tolle Gegenstände selbst zu machen. Die Ideen in diesem Kapitel variieren, egal ob Sie nun besser schneidern, schreinern oder malen, es ist etwas für Sie dabei. Eimer oder Waschkörbe werden mit Farben und Mustern aufgemöbelt ohne ihren eigentlichen Zweck dabei zu verlieren. Betrachtet man den Landhaus-Stil, kann man feststellen, dass selbst die einfachsten Gegenstände mit Dekorationen geschmückt sind. Auf den alten Booten, die Kohle und andere Güter auf Englands Kanälen beförderten, konnte man auf jedem Krug, jedem Teller, jeder Schüssel bunte Gemälde finden. Es macht Spaß, die selbst gemachten Stücke täglich zu benutzen. Alle vorgestellten Ideen können Sie zu Hause herstellen. Manche erfordern etwas handwerkliches Geschick. Wenn Sie sich nicht sicher fühlen, können Sie einen Schreiner bitten, Ihnen die Teile zuzuschneiden. Dort finden Sie eventuell auch Altholz wie zum Beispiel alte Dielen. Altholz ist für unsere Ideen wegen Farbe und Charakter

Oben: *Ein frischer, weißer Anstrich und schablonierte Erdbeeren und schon erinnert ein einfacher Fenster-Blumenkasten an einen Gemüsegarten.*

Links: *Der perfekte Platz, guten Wein aufzubewahren, ist eine alte Holzkiste, die mit Weintrauben-Motiven schabloniert und mit Stroh ausgelegt ist*

besonders gut geeignet. Die Tafel mit dem Holzrahmen ist ein gutes Projekt für den Anfang. Versuchen Sie sich danach vielleicht an dem Messerblock. Als Küchenzubehör hat dieser schon Tradition und wirkt hier durch den besonderen Anstrich antik. Körbe, Flaschen und Porzellan können durch ein paar einfache Handgriffe verändert werden. Beim Landhaus-Stil sind Individualität und Charakter gefragt; deshalb ist es nicht von großer Bedeutung, ob neue Accessoires zu alten Möbelstücken passen.

Oben: *Erstaunlich gut macht sich diese schön bestickte Wäscheklammerntasche an der Wäscheleine. Das heitert jeden trüben Waschtag auf.*

Rechts: *Die Idee, Haushaltsgegenstände wie diese Gießkanne zu verschönern, ist schon alt. Mit gedeckten Farben und traditionellen Motiven können auch Sie Folklorekunst herstellen.*

Eimer mit Schablonenmuster

Verwandeln Sie einen langweiligen Eimer in originelles Gartenzubehör. Ganz einfach mit etwas Farbe und einer schönen Schablone. Das Motiv stammt von einer Wandbemalung aus einem alten Haus in Rhode Island. Farbspray trocknet sehr schnell, wenn man nicht zu dick aufsprüht. Das Motiv wird vier Mal auf den Eimer gemalt.

MATERIAL:

- Blumen- und Bordüren-Vorlage (siehe Seite 154)
- Durchpauspapier und Bleisift
- Sprühkleber
- Stück Pappe
- Bastelmesser
- Schneidunterlage
- grüne und gelbe Farbsprühdosen
- Blech- oder Email-Eimer
- Abklebeband
- altes Zeitungspapier

1 *Die Vorlagen abpausen oder kopieren. Kopie leicht auf die Pappe kleben und vorsichtig ausschneiden. Kopie abziehen.*

2 *Den ganzen Eimer mit der grünen Farbe einsprühen. Gut trocknen lassen.*

Achtung: Farbspray nur in gut belüfteten Räumen benutzen!

3 *Die Schablone leicht auf den Eimer kleben.*

4 *Das Zeitungspapier mit Abklebeband um die Schablone herum befestigen. Die Schablone mit der gelben Farbe besprühen und trocknen lassen. Die Schablone für das nächste Bild anbringen. Die Bordüren werden genauso aufgetragen.*

Die Schultafel

Wenn Sie schon einmal eine Kreidetafel in Ihrer Küche benutzt haben, wissen Sie, wie unentbehrlich solch ein Stück sein kann. Es ist ein guter Tausch für lose Notizblätter oder Ähnliches. Für den Rahmen wird ein Dielenstück in zwei kürzere und zwei längere Teile gesägt und zusammengeleimt. Die Größe können Sie je nach Bedarf bestimmen. Statt Schraubzwingen kann man eine Schnur um die geleimte Tafel binden und mit einem Bleistift festdrehen.

MATERIAL:

- Schablonen-Vorlagen (siehe Seite 155)
- Durchpauspapier und Bleistift
- Sprühkleber
- Pappe
- Bastelmesser und Schneidunterlage
- stahlblaue und rote Dispersionsfarbe
- kleiner Malerpinsel
- alter Teller
- mittelfeines Sandpapier
- Schablonierpinsel
- schwarze Künstler-Acrylfarbe
- Antiklack und Pinsel
- Hartfaserplatte, ringsum 2,5 cm größer als der innere Rand des Rahmens
- Tafelbeschichtung zum Aufstreichen
- Hammer und Dachpappstifte
- (außerdem 1 Stück Kreide!)

1 *Die Vorlagen kopieren oder abpausen, wenn nötig vergrößern. Auf die Pappe kleben und mit dem Bastelmesser vorsichtig ausschneiden.*

2 *Den Rahmen mit blauer Dispersionsfarbe streichen und trocknen lassen.*

3 *Die schmalen Ränder innen und außen mit der roten Dispersionsfarbe streichen. Trocknen lassen.*

4▽ *Nach dem Trocknen die Farbe mit dem Sandpapier etwas aufreiben, damit die Maserung sichtbar wird.*

➤

5 *Die Schablonen leicht auf den Rahmen kleben. Die Motive wie auf dem großen Bild gezeigt platzieren.*

6 *Mit einem Schablonierpinsel die Motive rot ausmalen.*

7 *Nun das Rot mit etwas schwarzer Acrylfarbe verdunkeln.*

8 ◁ *Mit dem Schablonierpinsel den dunkleren Rot-Ton an einigen Stellen in die Maserung einarbeiten.*

9 ▽ *Nach dem Trocknen die dunkelrote Farbe mit Sandpapier von der unmittelbaren Oberfläche abreiben.*

10 *Den Rahmen mit einer Schicht Antik-Lack lackieren. Trocknen lassen.*

11 *Die Hartfaserplatte mit zwei Schichten Tafelbeschichtung einstreichen.*

12 *Die fertige Tafel von hinten auf den Rahmen nageln.*

Bestickter Lampenschirm

Verzieren Sie Ihren gekauften Lampenschirm mit diesen schönen Folkloremustern. Für die Ränder empfehlen wir, extra langes Garn zu benutzen, damit es keine losen Enden gibt; die würden durchscheinen, wenn das Licht an ist. Eine alternative Farbkombination wäre ein leinenfarbener Schirm mit kaffeebraunem Garn und Holz- und Perlmuttknöpfen.

MATERIAL:

- unifarbener Textil-Lampenschirm
- Stecknadeln
- Stickereischere
- rotes Baumwollgarn (die einzelnen Fäden trennen, immer drei auf einmal benutzen)
- Sticknadel
- zwei Herzvorlagen (siehe Seite 155)
- Durchpauspapier und Bleistift
- rot-weiß-karierte Stoffreste
- Schere
- Vlieseline
- Bügeleisen
- rot-weiß-kariertes Stoffband
- kleine braune und weiße Knöpfe
- Textilkleber

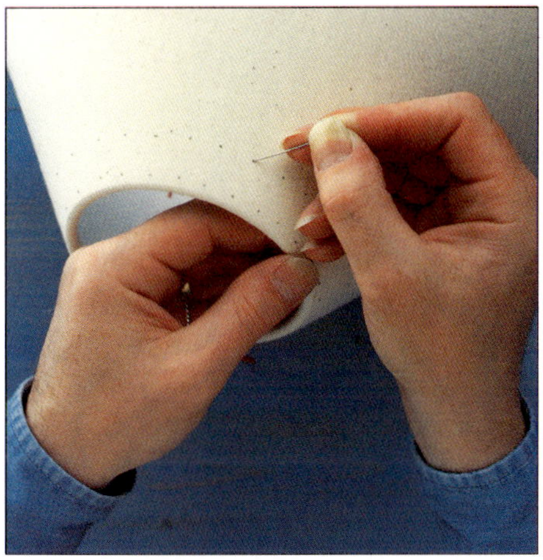

1 *Mit einer Nadel am oberen und unteren Rand gleichmäßige Löcher in den Lampenschirm stechen.*

2 *Eine Länge Garn abschneiden und am Ende verknoten. Auf der inneren Seite des Lampenschirms beginnend, ringsum einfache Kreuze sticken. Für den unteren Rand benötigt man die doppelte Länge Garn. Für die Kreuze diagonale Stiche erst in die eine Richtung und mit einem neuen Garn in die entgegengesetzte Richtung arbeiten.*

3 *Die zwei Herzen abpausen. Nach der größeren Vorlage drei Herzen aus dem rot-weiß-karierten Stoff ausschneiden.*

➤

4 *Nach der kleineren Vorlage drei Vlieseline-Herzen ausschneiden. Gleichmäßig auf die linke Seite der Stoffherzen aufbügeln. Auf die gleiche Weise Quadrate und Rhomben arbeiten.*

5 *Die Teile mit einem fortlaufenden Stich entlang der Vlieseline umnähen. Die Ränder ausfransen.*

6 *Zwei gleich lange Stücke Stoffband zu einem Kreuz legen und mit einem Knopf zusammennähen.*
Je nach Bedarf mehrere Kreuze arbeiten.

7 *Die verschiedenen Teile auf dem Lampenschirm verteilen und mit Textilkleber festkleben.*

8 *Leere Flächen mit einzelnen Kreuzen besticken.*

Rustikaler Messerblock

✳ Die Idee für diesen rustikalen Messerblock stammt aus Irland, wo man sie ursprünglich in jeder Küche finden konnte. Durch die Stufen können verschieden große Messer sicher verstaut werden. Der ungewöhnliche Anstrich kann natürlich auch bei anderen bemalten Möbeln oder Accessoires angewandt werden, um einen schnellen antiken Effekt zu erreichen.

MATERIAL:
- Messerblock
- Acrylfarbe: Englischrot und gebrannte Umbra
- alter Teller
- kleiner Malerpinsel
- Gummihandschuhe
- kleines Stück Naturschwamm
- Abbeizmittel
- alte Kleider
- Antikwachs
- weiches Tuch zum Polieren

1 *Den Messerblock mit groben Pinselstrichen rot anstreichen und trocknen lassen.*

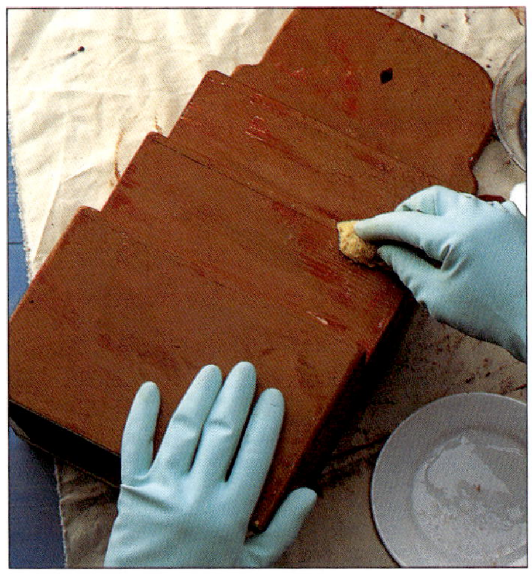

2 *Auf die gleiche Weise mit gebrannter Umbra streichen.*

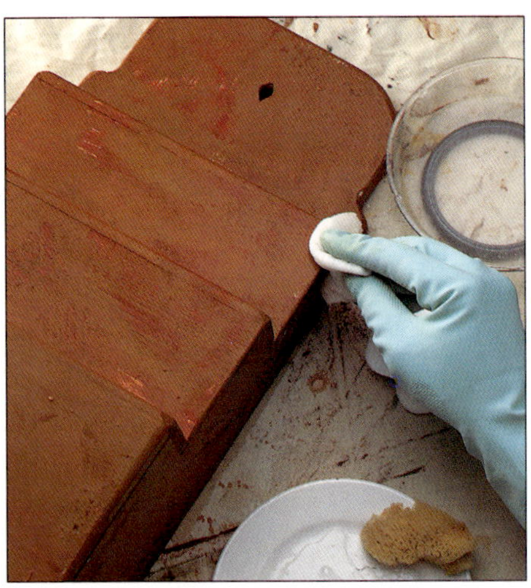

3 *Mit dem Schwamm eine getupfte Schicht Abbeizmittel auftragen.*

Achtung: für diese Tätigkeit müssen Sie Gummihandschuhe tragen!

4 *Mit einem nassen Tuch sofort nachwischen und eventuelle Blasen abwischen.*

5 *Nach dem Trocknen mit einer dicken Schicht Antikwachs einreiben und mit einem weichen Tuch polieren.*

Einfacher Wischeffekt

Der Wischeffekt sieht auf Porzellan genauso gut aus wie auf der Wand. Kommerziell wird Porzellan mit dem Wischeffekt im Brennofen gehärtet, Sie können den Effekt aber auch zu Hause mit Acryl-Emailfarben erzielen. Wenn Sie das Porzellan nicht nur dekorativ benutzen wollen, darf die Farbe nur da aufgetragen werden, wo keine Berührung mit Lebensmitteln besteht. Die Katze wird aufgetragen und abgedeckt, bevor der Krug mit einem Schwamm bemalt wird.

1 *Die Katzenschablone abpausen und auf ein Stück Pappe kleben.*

2 *Mit dem Bastelmesser das Motiv ausschneiden, dabei auf weiche Kurven achten.*

MATERIAL:
- Achteck- und Katzenvorlage (siehe Seite 152, 155)
- Durchpauspapier und Bleistift
- Pappe
- Bastelmesser
- Schneidunterlage
- Schere
- Sprühkleber
- einfacher weißer Porzellankrug
- Acryl-Emailfarben: Braun, Gelborange, Gelb und Blau
- alter Teller
- kleines Stück Naturschwamm

3 *Das Achteck als Maskierungsschablone durchpausen und ausschneiden. Die Rückseite der Katzenschablone leicht mit Klebstoffspray einsprühen.*

➤

4 *Die Katzenschablone auf dem Porzellankrug ausrichten und festkleben.*

5 *Braune und gelb-orange-farbene Acryl-Emailfarbe mischen, bis ein dunkler Orangeton entsteht.*

6 *Mit einem kleinem Schwamm die Katze in Orange ausfüllen.*

7 *Nach dem Trocknen die Schablone abziehen.*

8 *Gelbe und blaue Acryl-Emailfarbe mischen, bis ein tiefer Grünton entsteht.*

9 *Jetzt das Achteck mit wenig Klebstoff-Spray über das Katzenmotiv kleben.*

10 *Mit dem Schwamm die grüne Farbe gleichmäßig auf den ganzen Krug auftragen. Um den Rand und das Katzenmotiv Farbe stärker auftragen. Wenn der Krug für Getränke benutzt werden soll, die Farbe nur bis 2,5 cm unter dem Rand auftragen.*

11 ▷ *Nach dem Trocknen das Papier abziehen und den Krug im Backofen je nach Anweisung 45 min. „backen".*

Bilderrahmen aus bemaltem Blech

Bunt bemaltes oder gestanztes Blech ist in ärmeren Ländern sehr beliebt; alte Dosen werden so auf direktem Wege wieder verwertet. Die Idee zu diesem Bilderrahmen stammt aus Mexiko; als Material verwenden wir jedoch schwere Aluminiumfolie. Man kann sie beim Bastel- oder Künstlerbedarf finden. Sie lässt sich mit der Schere schneiden und einfach zurechtbiegen. Die Verarbeitung ist damit nicht so gefährlich wie bei Blechdosen. Die Muster kann man mit einem stumpfen Gegenstand eindrücken. Hier wurde der Plastikgriff eines Pinsels benutzt.

MATERIAL
- schwere Aluminiumfolie
- große Schere
- breiter, flacher Holzrahmen
- Pinsel oder anderer stumpfer Gegenstand
- Trinkglas
- Hammer
- kleine Nägel mit breitem Kopf
- Nagellack: Grellpink und Blau

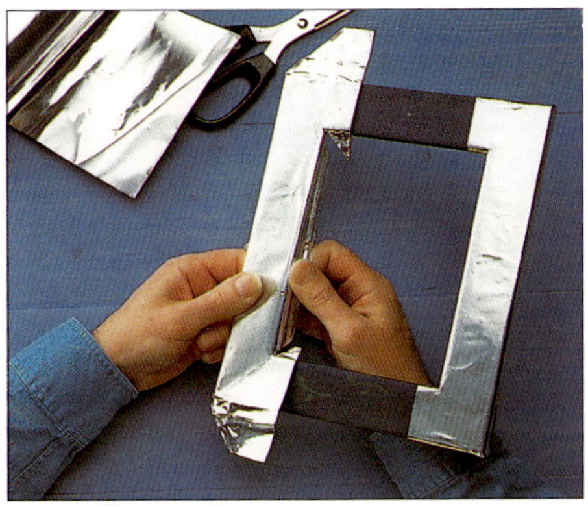

1 *Die Folie in breite Streifen schneiden und den Rahmen damit überziehen.*

2 *Die Ecken für einen sauberen Abschluss schräg abscheiden und unterfalten.*

3 ◁ *Mit dem Pinsel ein Wellenmotiv auf die Folie malen.*

4 ▽ *Aus der Folie rechteckige Stücke etwas größer als das Trinkglas ausschneiden.*

➤

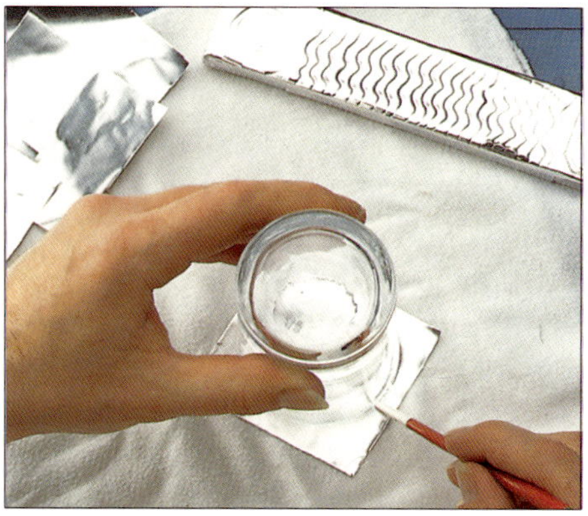

5 *Mit dem Glas auf jedes Rechteck einen Halbkreis zeichnen und die Folie auf ein Quadrat verkleinern.*

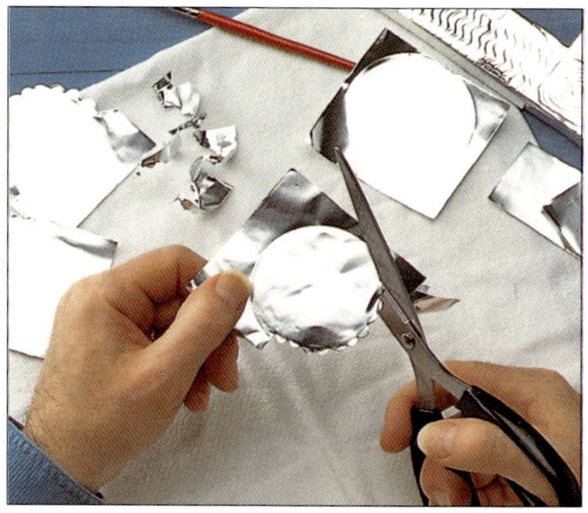

6 *Die Halbkreise ausschneiden, dabei an den Rändern kleine Bogen schneiden.*

7 *Aus der Folie vier gefiederte längliche Blätter auschneiden. Die Ränder ebenfalls mit kleinen Bögen verzieren.*

8 ◁ *Auf allen Teilen wie gezeigt Muster aufmalen.*

9 ▽ *Die verschiedenen Teile um den Rahmen arrangieren. Die flachen Enden auf der Rückseite mit kleinen Nägeln befestigen.*
Die Verzierungen vorne in Form biegen.

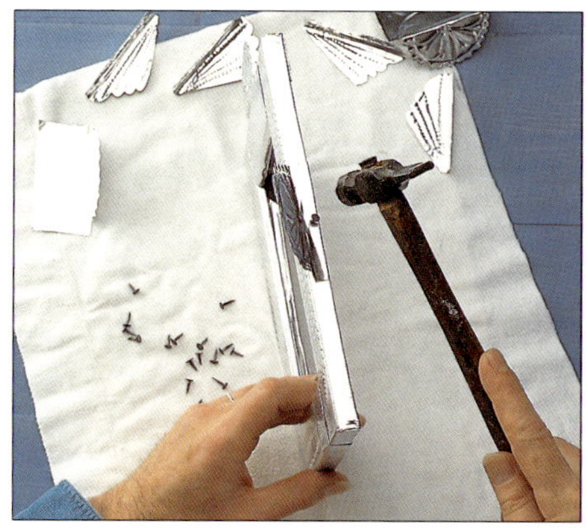

10 ◁ *Einige Teile der Verzierung mit grell pinkfarbenem Nagellack anmalen.*

11 ▷ *Den inneren Rand des Rahmens und Teile der Verzierung mit blauem Nagellack anmalen.*

Bemalte Glaskaraffe

Im 18. Jahrhundert wurden Glaskaraffen in Amerika in diesem Stil mit Herzen und Blumen bemalt. Bei bemaltem Glas kann nichts verdeckt werden; das bedeutet jedoch nicht, dass Sie peinlichst genau malen müssen, denn das Motiv sollte schon Farbe und Leben ausstrahlen. Am besten entspannen Sie Ihre Hände vor dem Malen und genießen Sie die Arbeit.

MATERIAL:
- interessante Glaskaraffe (alte oder wieder verwertete Glasflaschen sind am besten geeignet)
- Acryl-Emailfarbe: Gelb, Rot, Blau und Weiß
- alter Teller
- Nr.3 und Nr.5 Wasserfarbenpinsel
- Nr. 1 Strichzieher

1 *Die Flasche in heißem Spülwasser abwaschen und gründlich abtrocknen.*

2 *Gelb und Blau zu einem leuchtenden Saftgrün mischen. Auf dem Teller die Pinsel mit unterschiedlichem Druck ausprobieren.*

3 *Die Flasche auf einen flachen Untergrund legen. Die Stengel und Blätter aufmalen. Die freie Hand als Stütze zu Hilfe nehmen.*

4 *Blumen und Herzen in Rot malen. Dabei mit der Hand dem Pinsel folgen. Etwa 15 Minuten trocknen lassen.*

5 *Etwas weiße Farbe mit dem Grün vermischen und mit dem Strichzieher die Blumen und Herzen mit kleinen Punkten verzieren.*

Bunter Waschkorb

✷ Der bemalte Weidenkorb bringt Farbe in jeden trübenWaschtag. An unserem Modell zeigen wir zwei unterschiedliche Farbkombinationen; Sie können natürlich auch Ihre eigenen Kombinationen wählen. Die wahllosen Farbspritzer würden auch bei einem alten Korbsessel oder -tisch schön aussehen.

MATERIAL:
- Weiden-Waschkorb
- Dispersionsfarbe in einer Grundfarbe Ihrer Wahl
- großer Malerpinsel
- Dispersions- oder Acrylfarbe in drei hellen Kontrastfarben
- Ölpinsel (für Künstlerbedarf)

1 *Den Korb innen und außen in der Grundfarbe Ihrer Wahl streichen. Die Farbe sparsam verwenden. Wenn sie sich zwischen den Weiden absetzt, trocknet sie nur langsam.*

2 *Nach dem Trocknen die erste Kontrastfarbe mit dem Künstlerpinsel in groben Strichen auftragen.*

3 *Die anderen Farben genauso auftragen. Vor Gebrauch einer neuen Farbe den Pinsel auswaschen. Trocknen lassen.*

Details

Häufig sind es die letzten Feinheiten, die eine Dekoration vervollständigen. Wir wollen uns deshalb in diesem Kapitel auf die kleinen, aber feinen Dinge konzentrieren. Wenn man sich in den Landhaus-Stil verliebt, kann das mit einem kleinen Drahtkörbchen genauso gut passieren wie mit einem kunstvoll bemalten Möbelstück. Hier machen kleine Dinge den großen Unterschied, zum Beispiel ein frischer Lorbeerstrauß, zusammengehalten von einem schönen Papierband anstatt einer Schnur, oder schmiedeeiserne Haken statt solchen aus Plastik an einer Garderobe.

Rechts: *Mit Tontöpfen und Holzsieben lässt sich viel schöner arbeiten und was wäre besser für einen frischen Strauß Gartenblumen als ein schöner Spankorb. Bringen Sie den Landhaus-Stil auch in Ihren Garten und genießen Sie die Sinneseindrücke, wenn Sie auf einem alten Holztisch Kompost in kühle Tontöpfe füllen.*

Details im Landhaus-Stil

Oben: *Eine wunderschöne und natürliche Dekoration bekommt man, wenn man getrocknete Blumen an einer groben Schnur zwischen zwei Haken aufhängt.*

Mit jedem Detail, das Sie Ihrer Einrichung hinzufügen, kommt mehr von Ihrem Stil und Ihrer Persönlickeit hinzu. Die Kombination verschieden gemusterter Textilien wie zum Beispiel Karos, Streifen, Quadrate oder kleine Blümchen schafft eine wahre Pracht an Farben und Formen, die in größerem Umfang sehr dekorativ aussieht. Das Ziel ist eine zusammengetragene Mischung von Textilien, Farben und Mustern. Mit Textilien Ihrer Wahl können Sie die Ideen in diesem Kapitel als Ausgangspunkt nutzen und gleichzeitig Ihren eigenen Stil verwirklichen. Viele stilvolle Handarbeiten wie Weben oder Holzschnitzen können geübt und gemeistert werden. Verschiedene Dinge auf die traditionelle Weise herzustellen, ist ein befriedigendes Erlebnis. Die Ideen in diesem Kapitel sollen jedoch zeigen, wie man mit kleinen Handgriffen tolle Veränderungen schaffen kann und Sie können gleichzeitig Ihre Kreativität auf die Probe stellen. Sie werden feststellen wieviel Freude selbstgemachte Gegenstände bringen und Sie werden daher die neu errungenen Handfertigkeiten sicher nicht aufgeben wollen. Mit eingesticktem oder gemaltem Datum und Initialen werden aus Ihren Kreationen auch tolle Geschenke. Die Halterung für das Nudelholz aus Draht und das Deckchen mit dem Perlenrand aus Tüll machen sich gut in einer Landhausküche. Diese moderne Version passt gut auf den Limonadenkrug und hält die Wespen fern. Der Lebensbaum ist ein tolles Projekt für einen regnerischen Tag; einfach mal ausspannen und mit den Wasserfarben „spielen". Auch der

Rechts: *Die neutralen Farben von schlichten Tongefäßen, blanken Marmorflächen und Glasgeschirr sind ein kühler Gegensatz zu der schönen, dunkelblauen Verzierung auf dem alten Teller. Darauf abgestimmt sind die blauen Perlen und Griffe.*

Bilderrahmen mit Erinnerungsfotos ist etwas sehr Persönliches, was Sie in keinem Laden kaufen können. Kränze aus Kräutern und Gewürzen gehören auch zum Landhaus-Stil; hier ein eleganter Lorbeerkranz und ein Füllhorn als Kranz. Beide sind ein Zeichen von Gastfreundschaft. Durchstreifen Sie die Landschaft, Blumenläden und auch Ihren eigenen Vorratsschrank nach Blumen, Blättern, Gräsern und getrockneten Gewürzen; sammeln Sie reich strukturierte Schnüre, Bastschnüre und Zwirne und verwandeln Sie die Dinge in dauerhafte Naturschätze. Diese besonderen Details sind einfach selbst zu machen und toll für Ihr Zuhause oder als Geschenk.

Oben: *Nutzen Sie Gelegenheiten, Ihre Schätze zu zeigen. An diesem originellen Drahtgestell kommen die beiden Herzen und die Emailtasse gut zur Geltung.*

Rechts: *Die beiden Formen machen herrlich altertümliche Lebkuchen und werden nach Gebrauch dekorativ an die Wand gehängt.*

Verzierte Türknäufe

Verzaubern Sie die alte Schubladenkommode mit einem neuen grünen Anstrich und bunten Blumen. Die Idee sieht auch an einem einzelnen Türknauf gut aus. Mit Glanzlack sehen die Knäufe emailliert aus, etwas ungewöhnlich für den Landhaus-Stil, aber hier sehr passend. Mit mehreren Schichten Glanzlack wird der Effekt schöner.

MATERIAL:

- runde hölzerne Türknäufe
- rote und gelbe Künstler-Acrylfarbe
- feiner Pinsel
- Mohnblumen-Vorlage (siehe Seite 155)
- kleine, spitze Schere
- Weißleim und Pinsel
- Glanzlack und Pinsel
- feines Sandpapier

1 *Die Knäufe gelb anmalen und nach dem Trocknen eine zweite Schicht Gelb auftragen.*

2 *Für jeden Knauf eine Mohnblume kopieren. Die rote Farbe mit Wasser verdünnen und die Blumen damit ausmalen.*

3 *Die Blumen ausschneiden, dabei das Papier statt der Schere bewegen, um Ecken zu vermeiden.*

4 *Die Rückseiten mit Weißleim einstreichen und mittig auf die Knäufe kleben.*

5 *Mit einigen Schichten Glanzlack überziehen. Jede Schicht gut trocknen lassen und mit Sandpapier abreiben.*

Dekorative Nudelholzhalterung

Diese interessante kleine Vorrichtung gibt Ihrem Nudelholz seinen ganz eigenen Platz in der Küche und ist zudem dekorativ und platzsparend. Anstatt eine Rolle Draht zu kaufen, kann man zwei Drahtbügel benutzen. Sie sollten das Draht-Biegen etwas üben, damit Sie sanfte Biegungen hinbekommen.

MATERIAL:

- eine Rolle 2-mm-Draht
- Kombizange
- Schraubenzieher
- feiner Messingdraht

1 *Zwei 75 cm lange Stücke Draht abschneiden. Eines der Stücke in der Mitte um einen Schraubenzieher drehen, damit eine Schlaufe entsteht. Den Schraubenzieher drehen, bis die zwei Hälften 6 Mal miteinander verdreht sind.*

2 *Mit der Kombizange die beiden Enden rund nach innen biegen.*

3 ▽ *Aus dem anderen Stück Draht ein Herz formen. Dazu in der Mitte die Kerbe des Herzens formen und die beiden Teile über Kreuz auseinander ziehen. Die Enden mit der Kombizange rund nach innen biegen.*

4 *Mit dem Messingrdraht die zwei Teile wie gezeigt zusammenbinden. Das Nudelholz auf beiden Seiten in die gebogenen Enden legen und die Drahtbögen anpassen.*

Eine schöne Erinnerung

Hier werden gekaufte Kastenrahmen durch einem simplen Anstrich zu tollen Erinnerungsstücken. Jeder Rahmen ist mit einer Sammlung schöner Erinnerungen gefüllt – tolle Muscheln, herbstliches Laub oder getrocknete Blumen. Kombinieren Sie verschiedene Strukturen und Formen und vielleicht eine Karte von einem Konzert oder Film.

MATERIAL:

- tiefer, quadratischer Holzbilderrahmen
- Abklebeband
- Himmelblaue, backsteinrote und dunkelgrüne Künstler-Acrylfarbe
- kleiner Malerpinsel
- feines Sandpapier
- Schellack und Pinsel
- Sammlung von Naturgegenständen
- Klebepistole und -patronen

1 *Die Glasscheibe abkleben. Den Rahmen in einer Farbe Ihrer Wahl streichen.*

2 *Nach dem Trocknen mit Sandpapier abreiben, damit die Maserung zum Vorschein kommt.*

3 *Mit einer Schicht Schellack einstreichen. Dadurch wird die Farbe gedämpft.*

4 *Den Untergrundkarton mit Schellack streichen.*

5 *Die Objekte je nach Wunsch auf dem Untergrundkarton arrangieren und festkleben. Nach dem Trocknen den Rahmen zusammenbauen.*

Krug-Abdeckung mit Perlen

Das Deckchen hier ist eine vereinfachte, modernere Version der kompliziert gearbeiteten Häkeldeckchen, die man früher in jeder Speisekammer finden konnte. Wie hier mit einer Papiervorlage zu arbeiten, ist ein einfacher und hilfreicher Trick. Durch die entstehende Perforation kann man das Papier am Ende gut abziehen. Sie können auch eine Nähmaschine benutzen.

MATERIAL:

- Vorlage für Deckchen (siehe Seite 157)
- Lineal und Bleistift
- dünnes Papier
- Schere
- 25 cm weißer Tüll
- Stecknadeln
- Nähnadel und passendes Garn
- 50 cm kariertes Schrägband
- Nähmaschine
- 8 schwere Perlen in leuchtenden Farben

1 *Die Vorlage auf dickes Papier pausen und ausschneiden. Vorgang auf dünnem Papier wiederholen.*

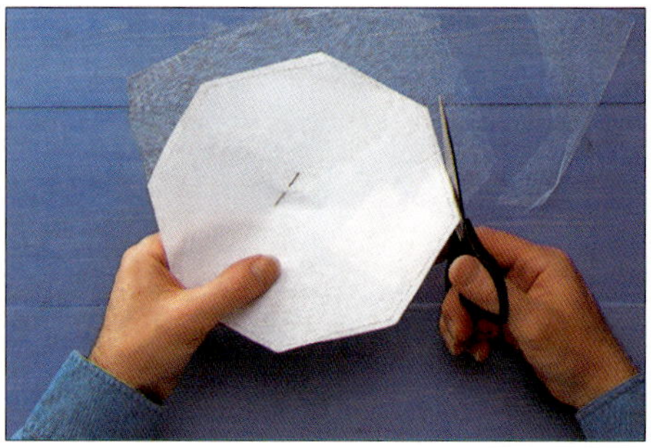

2 *Tüll in zwei Lagen falten und die Vorlage mit einer Stecknadel befestigen. Papier und Tüll am Rand entlang zusammennähen. Übrigen Tüll abschneiden.*

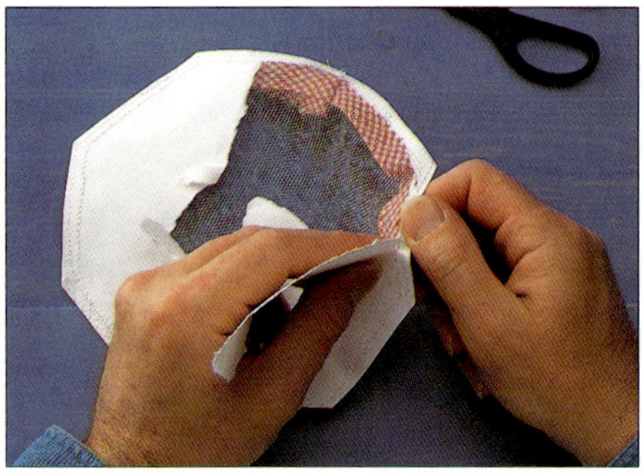

3 *Das Schrägband auf einer Seite mit kleinen Stichen annähen. Danach die Papiervorlage abziehen.*

4 *Das Schrägband umfalten und ebenfalls festnähen.*

5 *Die Perlen mit doppeltem Faden in gleichmäßigen Abständen am Schrägband befestigen. Dafür zwischen Deckchen und Perle etwa 2,5 cm Faden hängen lassen, mit dem Ende des Fadens umwickeln und diesen im Schrägband vernähen.*

Festlicher Lorbeerkranz

Bündel mit Kräutern findet man in jeder Landhausküche; doch in diesem festlichen Kranz sehen sie schön dekorativ aus. Der Rahmen wurde aus einem einfachen Drahtbügel gemacht; so kann man den Kranz auch ganz einfach aufhängen. Grünes Klebeband und Gärtnerschnur gibt es bei einem Gärtner oder im Blumenladen.

MATERIAL:
- Drahtbügel
- grünes Klebeband
- Gärtnerschnur
- Schere
- Lorbeerzweige
- breites, grün kariertes Stoffband

1 *Den Bügel zu einem Kreis ziehen, den Haken dabei lassen, wie er ist.*

2 *Den Haken mit dem grünen Klebeband abkleben.*

3 ◁ *Die Lorbeerzweige mit der Schnur am Draht festbinden bis ein buschiger Kranz entsteht.*

4 ▽ *Das Stoffband in 5 längere Teile schneiden und damit gleichmäßig verteilt schöne Schleifen binden.*

Erntedank Kranz

Di e Idee für diesen Kranz stammt ursprünglich aus Skandinavien, wo er als Weihnachtsdekoration benutzt wurde. Dafür können verschiedene Nüsse, Kräuter und Gewürze verwendet werden. Für den Kranz werden Zweige von Reben oder Geißblatt verwendet. Sie können natürlich auch vorgefertigte Kranzgerüste beim Blumenhändler kaufen.

MATERIAL

- Rebzweige oder vorgefertigtes Kranzgerüst
- Gärtnerschnur
- Kombizange
- Weinbergdraht
- Weißleim und Pinsel
- alter Teller
- Walnüsse
- karierte Stoffreste
- getrocknete Peperoni
- kleine Weidenkörbchen
- Lorbeerblätter
- getrocknete Apfelringe
- Zimtstangen

1 *Die längeren Zweige fest zu einem Ring zusammenbinden.*

2 *Die anderen Zweige in den Ring einflechten damit ein schöner Kranz entsteht.*

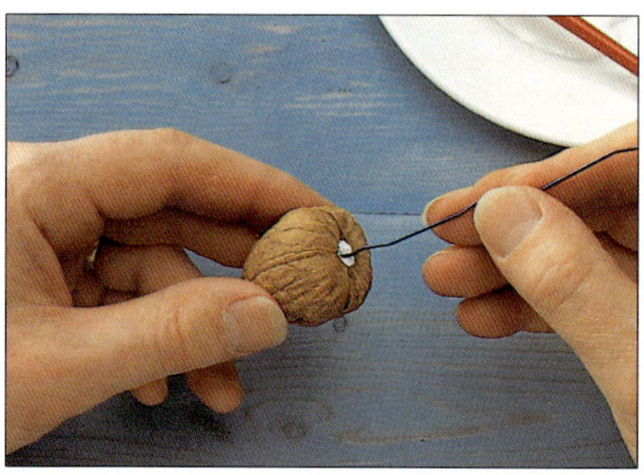

3 *Kleine Stücke Draht in den Leim tauchen und in die Walnüsse stecken. Trocknen lassen.*

4 *Die Stoffreste in Streifen reißen. Die ausgefransten Ränder werden sich am Kranz gut machen.*

5 *Kleine Peperonisträuße binden und mit einer Stoffschleife versehen. Einige Walnüsse an den Drähten zusammendrehen und ebenfalls mit Schleifen verzieren.*
Die Körbchen mit Lorbeerblättern füllen und ein Stück Schnur an die Griffe binden.

6 *Die verschiedenen Teile auf den Kranz binden. In die Zwischenräume werden Apfelringe und Zimtstangen gebunden.*

7 *Zum Aufhängen oben eine Stoffschlaufe anbringen.*

Lock Vögel

Holzvögel wurden ursprünglich dafür benutzt, um echte Vögel vor die Flinte des Jägers zu locken. Heutzutage sind diese Ziervögel Sammlerstücke und deshalb sehr teuer; es lohnt sich also, sie selbst zu machen. Diese bunten Lockvögel wurden aus altem Dielenholz ausgesägt. Der rustikale Effekt wird durch den rauen Holzsockel unterstrichen.

MATERIAL

- Vogel-Vorlagen (siehe Seite 156)
- Durchpauspapier und Bleistift
- dünne Pappe
- Schere
- feiner, schwarzer Filzstift
- eine Bodendiele oder ein anderes Stück Abfallholz
- Schraubzwinge
- Pfriem
- Stichsäge
- Bohrmaschine mit 8-mm-Bohrer
- 1 m langes 8-mm-Rundholz
- kleine Eisensäge
- ein Stück altes, raues Holz
- Künstler-Acrylfarbe in Rot, Gelb, Dunkelgrün, Dunkelbraun, Weiß und Schwarz
- kleiner Malerpinsel
- alter Teller
- mittelgroßer Künstlerpinsel
- feines Sandpapier
- Weißleim
- evtl. matter Klarlack

***1** Die Vorlage abpausen, auf die dünne Pappe übertragen und ausschneiden.*

***2** Mit dem Filzstift die Vögel auf das Dielenbrett übertragen.*

***3**▷ Das Brett mit der Schraubzwinge auf einer festen Oberfläche befestigen. Mit dem Pfriem bei einem der Vögel am Rand ein Loch stechen und den Vogel entlang der Linie mit der Stichsäge aussägen. Die anderen Vögel genauso aussägen.*

➤

4 *Von unten in jeden Vogel ein Loch für das Rundholz bohren.*

5 *Das Rundholz in drei 20 cm lange und zwei 18 cm lange Zapfen sägen.*

6 *In das Stück Abfallholz 5 Löcher bohren, weit genug voneinander entfernt, dass sich die Vögel nicht berühren.*

7 *Jeden Vogel mit einer anderen Farbe anmalen und trocknen lassen.*

8 *Schnabel und Augen in Schwarz aufmalen.*

9 *Mit dem Sandpapier die Farbe an den Rändern abreiben, damit das Holz durchschimmert.*

10 ◁ *Die Rundhölzer in die Löcher des Holzsockels kleben und die Vögel zu einer netten Gruppe anordnen und aufkleben. Eventuell mit mattem Klarlack lackieren.*

Der Lebensbaum

Der Lebensbaum gehört mit zu den beliebtesten Objekten der Folklore in allen Bereichen der Kunst. Bei diesem Baum wurde aus verschiedenen Wasserfarbenbildern eine Collage gemacht; mit einem Rahmen versehen wird daraus ein besonderes Einzelstück. Die Grundvorlagen für das Bild sind gegeben, aber die kindliche, selbstgemachte Qualität ist das eigentlich Besondere. Schneiden Sie die verschiedenen Motive freihändig aus, um einen dynamischen Effekt zu erzielen.

MATERIAL:

- ein großer Bogen Wasserfarbenpapier
- Schere
- Kasten mit Wasserfarben
- verschiedene Wasserfarbenpinsel
- weißer Teller oder Farbmischpalette
- kleines Stück Naturschwamm
- großer Bogen gemustertes Büttenpapier Bilderrahmen
- Vorlagen (siehe Seite 157)
- feiner, schwarzer Filzstift
- Weißleim und Pinsel oder Sprühkleber

1 *Das Wasserfarbenpapier in kleinere Stücke schneiden. Mit den Wasserfarben verschiedene Muster malen. Nehmen Sie sich Zeit für Ihre Kreativität.*

2 *Mit dem Schwamm können Sie unterschiedliche Strukturen erzeugen.*

3 *Das Büttenpapier auf die Größe des Rahmens zurechtschneiden.*

4 ▷ *Einen Bogen Wasserfarbenpapier grün anmalen und nach dem Trocknen in der Mitte falten. Mit dem Filzstift Zweige einzeichnen. Nehmen Sie die Vorlage als Anhaltspunkt. Die Zweige ausschneiden und den Baum aufklappen.*

➤

5 *Aus den bemalten Bögen verschiedene Blumenformen ausschneiden.*

6 *Genauso Blätter, Vögel, Beeren und den Standplatz für den Baum ausschneiden.*

7 *Den Baumstamm und die Äste in die Mitte des Büttenpapiers kleben.*

8 *Die größten Blumen und den Standplatz für den Baum aufkleben.*

9 *Nun die anderen Teile auf den Baum kleben. Zum Schluss die Vögel aufkleben und die Collage einrahmen.*

Grundausstattung an Werkzeug

Die wichtigsten Werkzeuge beim Landhaus-Stil sind eine gute Auswahl an verschiedenen Pinseln, mit denen Sie unterschiedliche Effekte erzielen können.

Maserierpinsel: Mit diesem breiten Pinsel wird feuchter Lack abgezogen. Gerade Linien ergeben einen gestreiften Effekt; wenn man den Pinsel hin- und herbewegt bekommt man einen körnigen Effekt.

4 cm Wasserfarbenpinsel: Ein weicher Pinsel mit synthetischen Borsten, ähnlich den Zobelborsten. Gut für verdünnte Farben.

Mittelgroßer (4 cm) Malerpinsel

Zimmermannshammer: Zum Nageln und Entnageln.

Feines Sandpapier benötigt man für viele verschiedene Projekte um Holz glatt zu schleifen.

Mittelfeines Sandpapier: mit der raueren Struktur wird Farbe abgerieben, damit die Maserung sichtbar wird.

Hartgummiwalze: mit der Gummiwalze wird Farbe gleichmäßig auf einen Stempel aufgetragen.

Seitenschneider: eignet sich besonders gut zum Drahtschneiden.

Naturschwamm: Naturschwämme für den Künstlerbedarf sind um einiges billiger als solche fürs Badezimmer.

Tacker: Dieses Werkzeug ist besonders geeignet für Polsterungen.

Lackwalze: Die kleine Schaumgummiwalze wird zum Auftragen von Lacken benutzt, kann aber auch zu anderen Zwecken verwendet werden.

Nr. 2 Strichzieher: Ein langer, feiner Wasserfarbenpinsel, besonders geeignet für dünne Linien.

Nr. 5 Wasserfarbenpinsel: Ein mittelgroßer, weicher Pinsel. Mit unterschiedlichem Druck entstehen verschiedene Effekte.

Schere: Es lohnt sich auf jeden Fall, eine gute Schere im Haus zu haben.

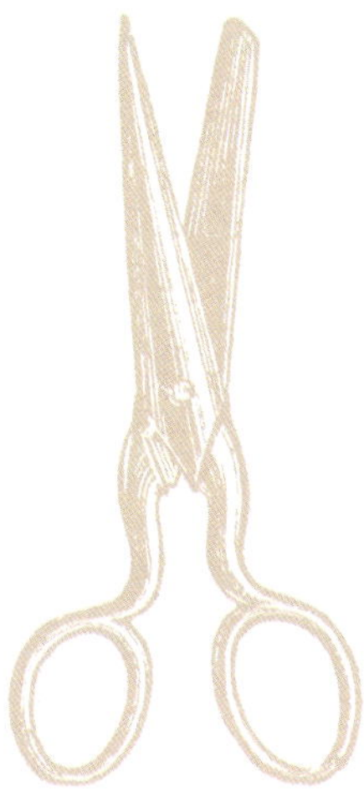

Bilderklärung

1 Maserierpinsel
2 Wasserfarbenpinsel
3 Mittelgroßer Malerpinsel
4 Zimmermannshammer
5 Feines Sandpapier
6 Mittelfeines Sandpapier
7 Hartgummiwalze
8 Seitenschneider
9 Naturschwamm
10 Tacker
11 Lackwalze
12 Nr.2 Strichzieher
13 Nr.5 Wasserfarbenpinsel
14 Schere

12
13
11
10
14
3
8
9
7

Grund Materialien

Beim Landhaus-Stil werden nur wenige spezielle Materialien gebraucht. Es gilt, je einfacher, desto besser. Hier sind ein paar weniger gewöhnliche Materialien.

Holzbeize: wird auf unbehandeltes Holz aufgetragen. Holzbeize dringt in das Holz ein, die Maserung bleibt sichtbar.

Weiße Holzbeize: wird ebenfalls auf unbehandeltes Holz aufgetragen und ergibt einen gekalkten Effekt.

Künstler-Acrylfarben: werden in Tuben verkauft und können miteinander gemischt und mit Wasser verdünnt werden. Acrylfarbe kann auf den meisten Oberflächen verwendet werden; außerdem ist sie zum Abtönen von Dispersionsfarbe geeignet. Zum Schutz sollte man sie mit Klarlack lackieren.

Schwere Folie: wird in Bastelgeschäften angeboten und kann mit der Schere geschnitten werden. Es gibt Kupfer-, Messing- und Aluminiumfolie.

Fester Schaumgummi: daraus werden Stempel hergestellt. Den Schaumgummi gibt es nur bei Fachgeschäften. Man kann aber auch Campingmatten verwenden.

Hasendraht: (verzinkter) „Sechseckdraht"; man kann ihn bei Gartencentern oder Eisenwarengeschäften in verschiedenen Stärken und Maschenweiten kaufen.

Antikwachs: getöntes Bienenwachs. Gibt dem Holz einen natürlich gealterten Effekt.

Japanischer Goldleim: wird mit dem Pinsel auf die Fläche gestrichen. Blattgold oder Goldpuder wird auf den etwas angetrocketen Leim geklebt.

Acryl-Emailfarbe: kann auf Porzellan, Glas und Metall verwendet werden. Einfach im Backofen „backen".

Stickgarn: Hier sind 6 Fäden an einem Strang, je nach Bedarf kann man einen oder mehrere Stränge auf einmal verwenden. In vielen Farben erhältlich.

Stoff-Mal-und Druckfarbe: Diese Farbe auf Wasserbasis ist speziell für Textilien bestimmt.

Leinen-Geschirrtuch: ein sehr nützliches, fein gewebtes Tuch, manchmal mit Karos oder Streifen bedruckt.

Ungebleichte Baumwolle: naturbelassenes Gewebe, ideal geeignet für Stempelbilder oder Drucke.

Verwittertes Holz: Abfallholz ist beim Dekorieren imLandhaus-Stil immer die erste Wahl.

Bilderklärung

1 Holzbeize
2 weiße Holzbeize
3 Künstler-Acrylfarben
4 schwere Folie
5 feiner Schaumgummi
6 Hasendraht (Sechseckdraht)
7 Antikwachs
8 Japanischer Goldleim
9 Acryl-Emailfarbe
10 Stickgarn aus Baumwolle
11 Stoff-Mal- und Druckfarbe
12 Leinen -Geschirrtuch
13 ungebleichte Baumwolle
14 verwittertes Holz

4
5
6
3
2
1
14
12
13
COULEUR ACRYLIQUE FLUIDE
KUENSTLER ACRYLFARBE
ACRILICO FLUIDO
SOMBRA TOSTADA
5085 9276
OPAQUE OXIDE OF CHROMIUM
367
SERIES B
5085 9689
COULEUR ACRYLIQUE FLUIDE
KUENSTLER ACRYLFARBE
ACRILICO FLUIDO
60 ml ℮ 2 US fl. oz
FOR USA ONLY
COULEUR POUR GRAVURE (COULEUR AQUEUSE)
KLISCHEEDRUCKFARBE (WASSERLÖSLICH)
COLOR AL AGUA PARA GRABADO EN PASTILLA
BLOCK PRINT WATERVERF

Grund Techniken

Viele dieser Techniken werden bei mehreren Ideen in diesem Buch angewandt. Die Techniken können außerdem sehr effektiv kombiniert werden. Wenn Sie die Techniken beherrschen, können Sie auch größere Projekte durchführen.

Farbe: Der am häufigsten in diesem Buch verwendete Anstrich ist matte Dispersionsfarbe auf unbehandeltem Holz, ohne Grundierung. Das ist typisch für den Landhaus-Stil. Die Farbe kann mit einer Schicht mattem Klarlack geschützt und versiegelt werden.

1 *Die Farbe direkt auf unbehandeltes Holz auftragen und trocknen lassen.*

2 *Die Oberfläche mit feiner Stahlwolle abreiben, damit das Holz natürlich gealtert aussieht.*

3 *Feines Sandpapier ist rauer als Stahlwolle. Die Farbe bleibt nur in Vertiefungen der Holzmaserung zurück.*

Antikwachs: Das getönte Bienenwachs wird in Oberfläche, Maserung und Ecken eingearbeitet und gibt dem Holz einen natürlich gealterten Effekt. Die Behandlung ist gut für das Holz und erfüllt Ihren Raum mit dem süßem Duft von Bienenwachs.

1 *Das Wachs mit einem sauberen, weichen Tuch sparsam einreiben. Falls nötig, mehr Wachs benutzen.*

2 *Mit einer alten Zahnbürste lässt sich das Wachs leicht in die Maserung einarbeiten.*

3 *Die Oberfläche mit einem weichen Tuch polieren. Dabei erwärmt sich das Holz, was den Duft nach Bienenwachs verstärkt.*

Schablonieren: *Bei dieser alten Technik werden einfache Motive aus Pappe ausgeschnitten. Schablonen gibt es in verschiedenen ländlichen Motiven zu kaufen, aber es macht auch Spaß, sie selbst zu entwerfen.*

1 *Zeichnen Sie ein Motiv auf Papier oder kopieren Sie eines der vorgegebenen Motive. Mit etwas Sprühkleber auf ein Stück Pappe kleben.*

2 *Zum Ausschneiden das Bastelmesser leicht schräg halten. Immer von außen nach innen schneiden und, wenn nötig, den Karton verschieben.*

3 *Die Papiervorlage von der Pappe ziehen und den Karton leicht auf die gewünschte Fläche kleben.*

Abkleben: *Abklebeband ist sehr nützlich, wenn es darum geht, gerade Linien oder Streifen zu malen. Es hält auch die Farbe von Details eines Musters fern, wenn Sie großflächig vorgehen, wie zum Beispiel mit Farbspray oder mit der Schwammtechnik.*

1 *Um eine schmale, gleichmäßige Linie zu malen, zwei Streifen Abklebeband mit einem schmalen Zwischenraum parallel aufkleben.*
Die Linie streichen.

2 *Nach dem Trocknen das Abklebeband abziehen.*

3 *Um eine bestimmte Stelle abzukleben, die benötigte Form aus Papier ausschneiden und mit Sprühkleber auf die Oberfläche heften.*
Nach dem Anstrich das Papier entfernen.

Vorlagen

Bronzestuhl
Seite 48
75%

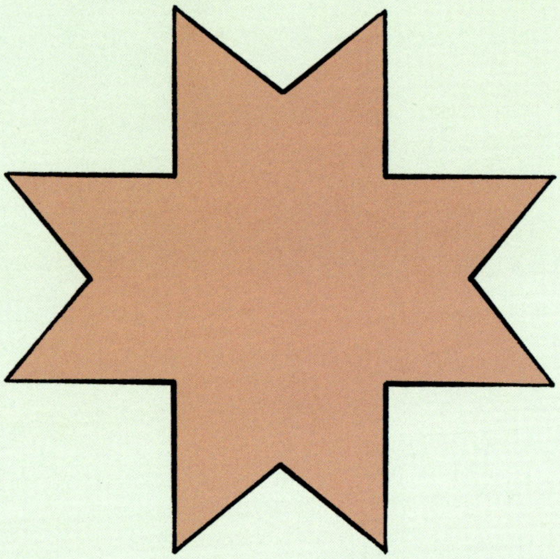

Stern-Schablone
Seite 24
nicht maßstabsgetreu

Gestempelte
Pferdebordüre
Seite 32
75%

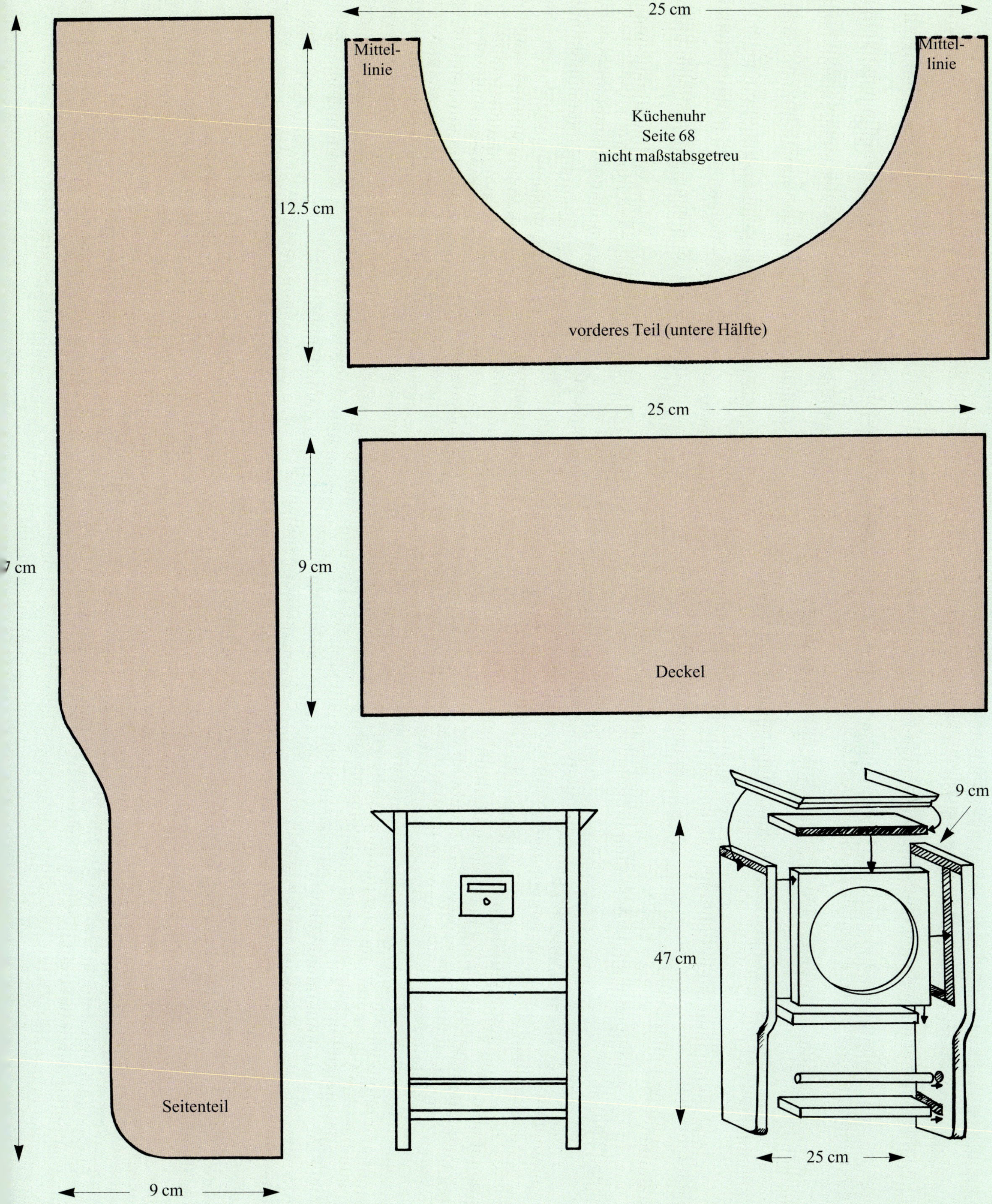

25 cm
Mittel-
linie
Mittel-
linie
Küchenuhr
Seite 68
nicht maßstabsgetreu
12.5 cm
vorderes Teil (untere Hälfte)
25 cm
9 cm
Deckel
7 cm
Seitenteil
9 cm
9 cm
47 cm
25 cm

Kommode in skandinavischem Stil
Seite 54
nicht maßstabsgetreu

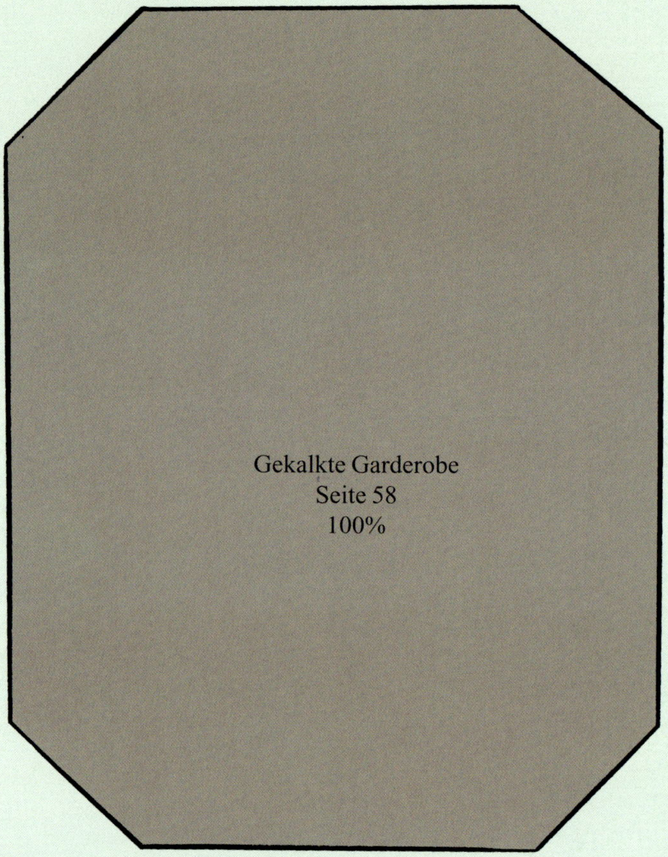

Gekalkte Garderobe
Seite 58
100%

123

Kissen mit Hahnenmotiv
Seite 83
100%

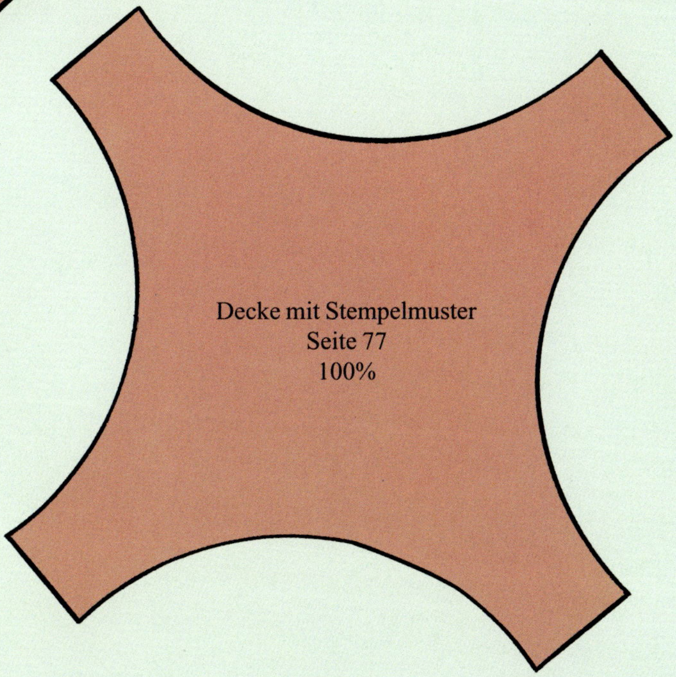

Decke mit Stempelmuster
Seite 77
100%

Sternenbanner
Seite 74
100%

Fensterbehang mit
Applikation
Seite 80
100%

Eimer mit Schablonenmuster
Seite 102
100%

Schultafel
Seite 104
100%

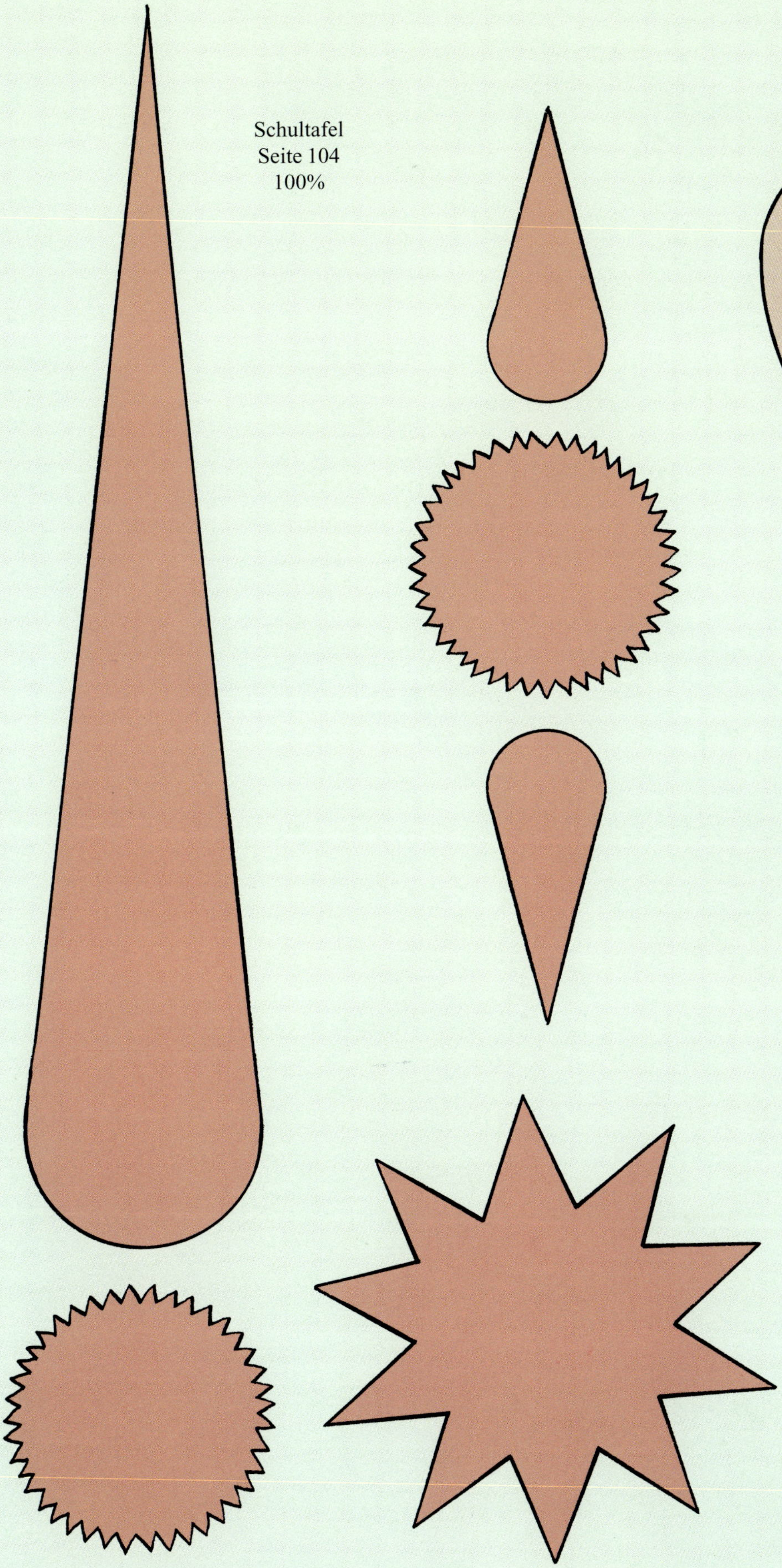

Bestickter Lampenschirm
Seite 107
100%

Einfacher Wischeffekt
Seite 112
100%

Verzierte Türknäufe
Seite 126
100%

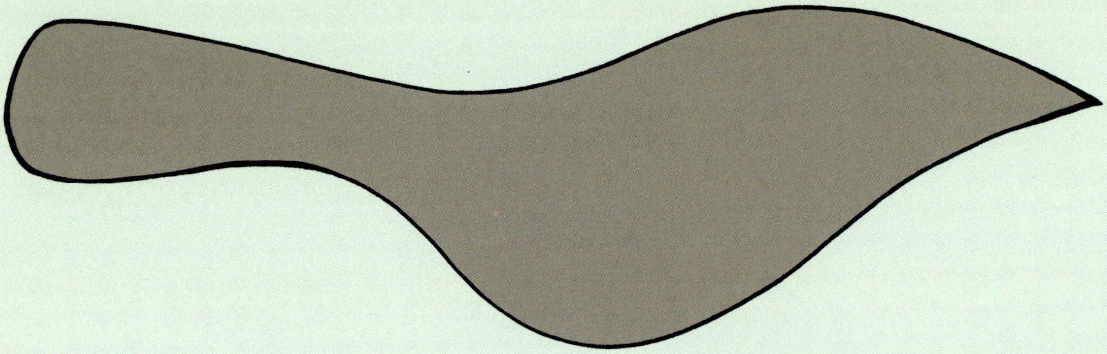

Lockvögel
Seite 138
75%

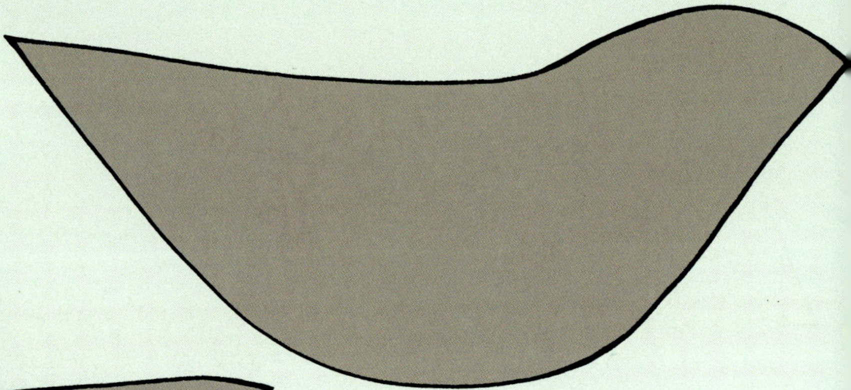

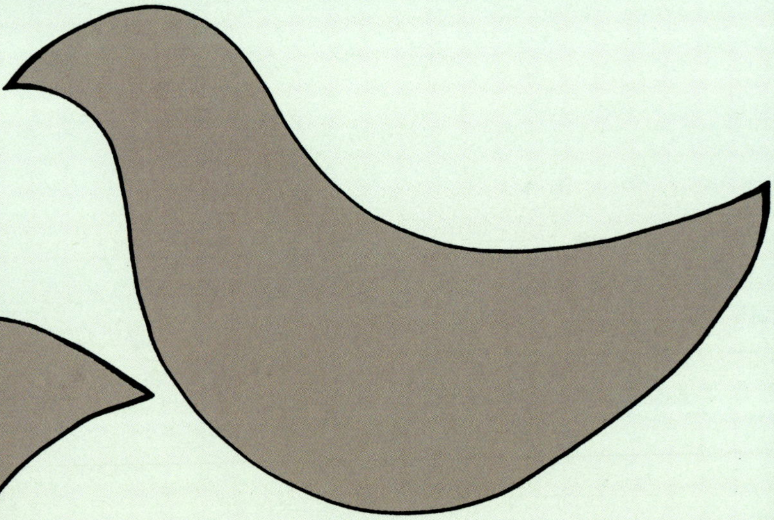

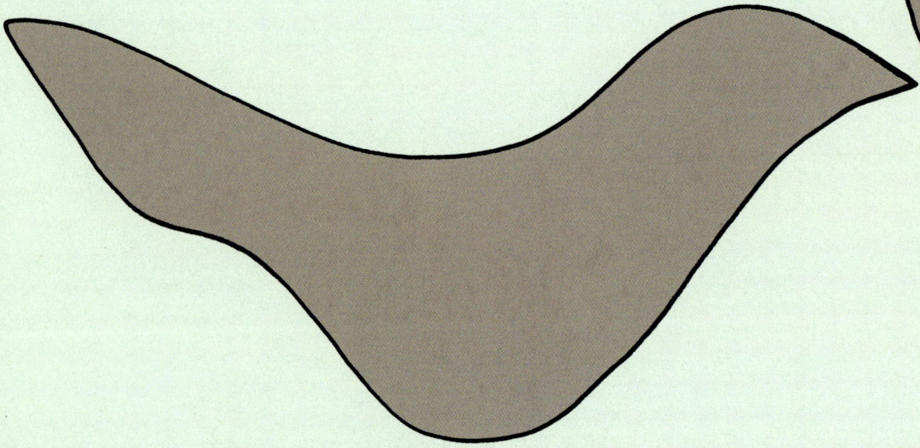

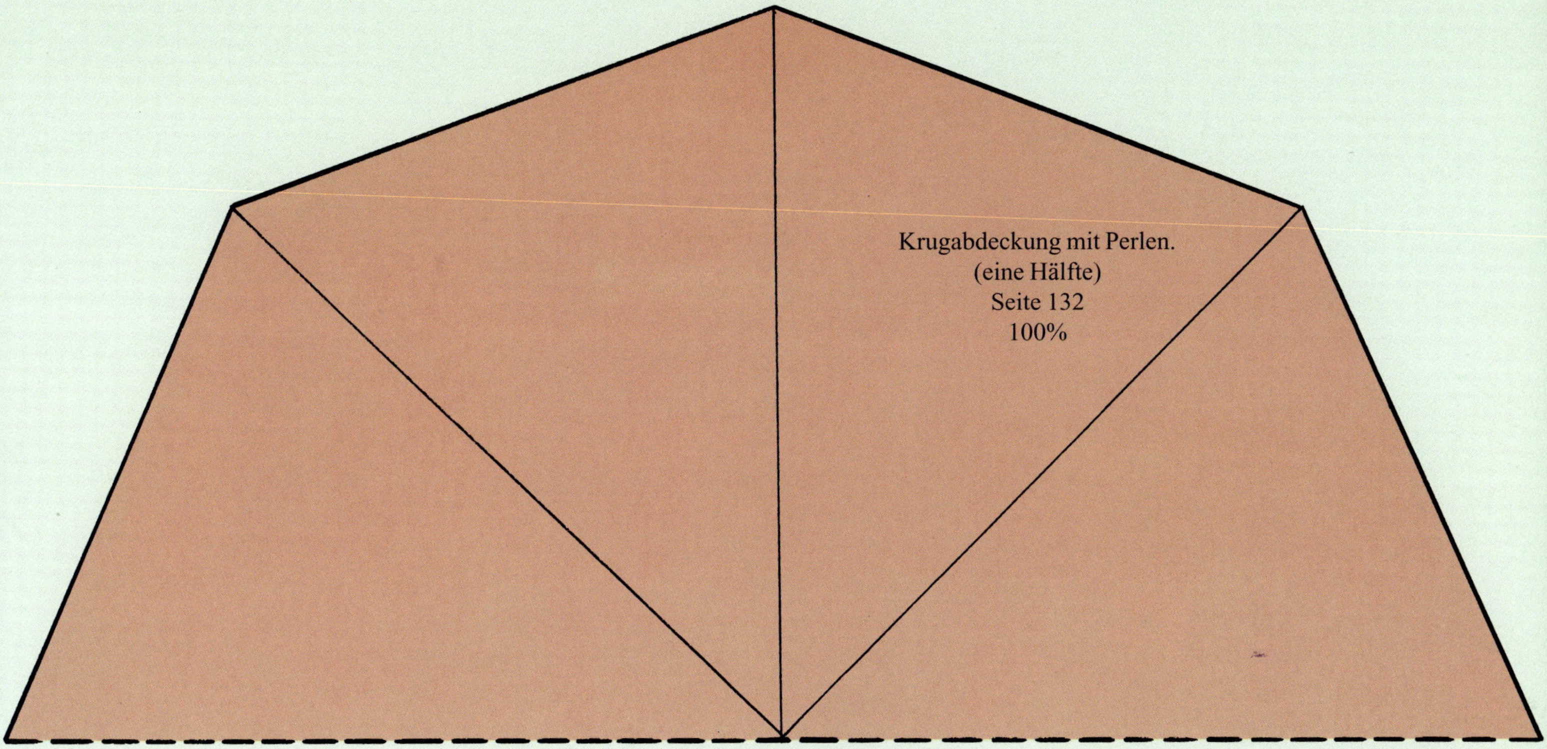

Mittellinie

Lebensbaum
Seite 141
100%

Sachregister

DANKSAGUNG

Die Autoren danken den folgenden Personen für die Mithilfe an diesem Buch.
Graham Rae für seine stimmungsvollen Aufnahmen; seiner Assistentin Sarah für ihre ausdauernde Arbeit im Studio; Leeann Mackenzie für ihre stilvolle Dekoration; Mark Wood für seine Aufnahmen der Arbeitsvorgänge und seinen Assistenten Edward Park; Paul Roberts für seine Hilfe und seine Fachkentnisse; Ray und Madhu McChrystal für ihre Kreativität und ihr handwerkliches Geschick und Cathy Marriott von Anness Publishing.

Die Autoren und Verleger danken den aufgeführten Betrieben für die für Aufnahmen gestellten Produkte und Materialien:
New England Direct, PO Box 5221, Bromsgrove, Worcestershire, B610BY
Grand Illusions, 2-4 Crown Road, St Margarets, Twickenham, TW1 3EE. Tel: (0181) 744 1046
Magpies, 152 Wandsworth Bridge Road, London SW6 2HH. Tel: (0171) 736 3738
Tobias and the Angel, 68 White Hart Lane, Barnes, London SW13 0PZ. Tel: (0181) 878 8902

Die Verleger danken den aufgeführten Fotografen und Bastelkünstlern:
Seite 12 rechts: Aufnahme von Steve Tanner, Seite 13 unten rechts: hergestellt von Mary Maguire, Aufnahme von Spike Powell, oben links: Aufnahme von Peter Williams; Seite 17 oben links: hergestellt von Lesley Stansfield, Aufnahme von Michelle Garrett, unten: Aufnahme von Steve Tanner; Seite 47: hergestellt von Jonty Henshall, Aufnahme von Spike Powell; Seite 101 oben: hergestellt von Dorothy Wood, Aufnahme von Michelle Garrett; Seite 124: Aufnahme von Michelle Garrett.

Dieses Buch ist Clare Nicholson gewidmet; wir wünschen ihr viel Erfolg mit ihrem Garten.

SPOOL
SILK